LE VÉNÉRABLE

PÈRE EUDES

1601–1680.

SES ŒUVRES, SES VERTUS, SES MIRACLES,

par le P. A. PINAS, Eudiste,

Supérieur du Juvénat Saint-Louis, à Plancoët (Côtes-du-Nord).

<table>
<tr><td>

A PLANCOET,

(Côtes-du-Nord),

chez l'AUTEUR.

</td><td>

A PARIS,

chez R. HATON, libr.,

35, rue Bonaparte.

</td></tr>
</table>

1887.

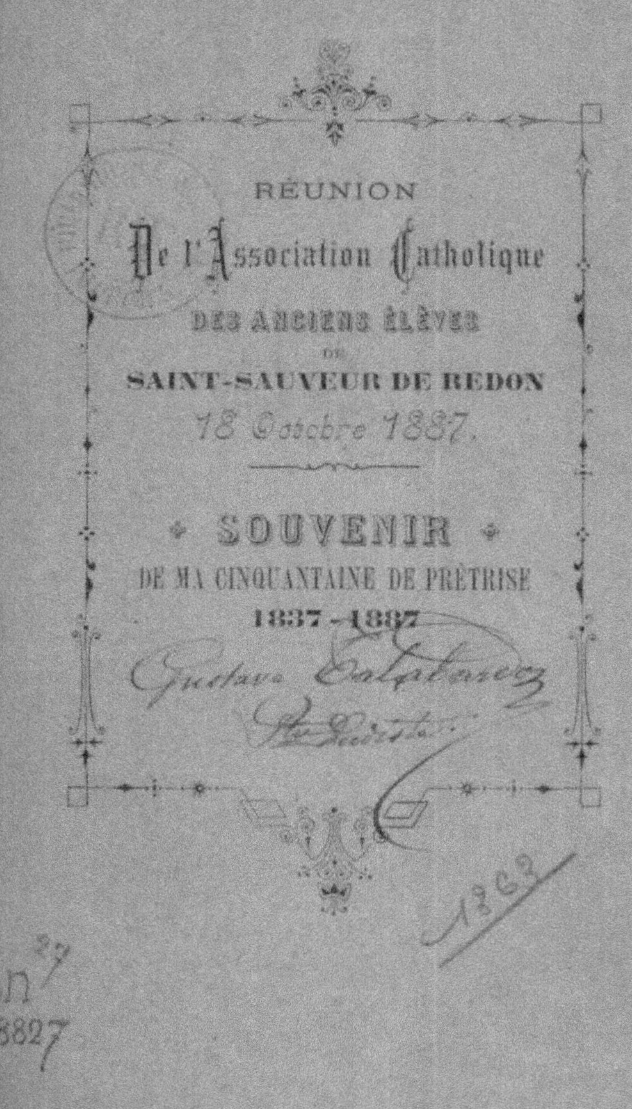

RÉUNION
De l'Association Catholique
DES ANCIENS ÉLÈVES
DE
SAINT-SAUVEUR DE REDON
18 Octobre 1887.

SOUVENIR
DE MA CINQUANTAINE DE PRÊTRISE
1837-1887

LÉGENDE ABRÉGÉE
DE SAINT-SAUVEUR DE REDON.

L'AN de N. S. 832, Saint Convoïon, Archidiacre de Vannes, fonde, sous la Règle de S. Benoît, le Monastère de Saint-Sauveur au lieu nommé *Roton* à lui cédé par Ratuili, Comte du pays, au confluent des rivières de Vilaine et de l'Oust. Peu à peu, autour de cette Abbaye devenue très importante, la ville de Redon se forme. L'Abbé de Saint-Sauveur, jusqu'en 1789, époque de la dissolution du Monastère par la Constituante, demeure Seigneur spirituel et temporel de la cité et de 14 autres paroisses.

Les cloîtres tels qu'ils existent encore ont été réédifiés, de 1622 à 1642, sous le gouvernement du Cardinal de Richelieu, Abbé commendataire de Saint-Sauveur qui introduisit en même temps la Réforme de S. Maur dans le Monastère.

En 1803, 3 Prêtres du diocèse de Vannes rachètent une partie des anciens cloîtres et y fondent un petit Collège. — En 1838-1839, le T. R. P. Jérôme Loüis de la Morinière,

2° Supérieur général de la Congrégation des Eudistes, depuis son rétablissement à Rennes en 1826, fait l'acquisition de tout ce qui reste des lieux réguliers de l'antique Abbaye, et y fonde, sous le vocable de Saint-Sauveur, un collège devenu important en peu d'années. — Des bâtiments considérables sont successivement ajoutés à l'ancien cloître, et une belle chapelle y est construite d'après les plans de M. l'abbé Brune, Chanoine de la Cathédrale de Rennes. Elle est bénite en 1857, et consacrée en 1868, sous le vocable des Cœurs sacrés de Jésus, et Marie, par Monseigneur Godefroid Brossais Saint Marc devenu depuis 1er Archevêque de Rennes et Cardinal de la Sainte-Eglise Romaine. Cette consécration se fait le 21 janvier 1868, le dernier jour d'un *Triduum* solennel à l'occasion de la restauration du culte ecclésiastique de Saint Convoion, Fondateur et 1er Abbé de Redon, en présence de Monseigneur J. M. Bécel, Evêque de Vannes, et du T. R. P. Dom Prosper Guéranger, Abbé de Solesmes.

LE VÉNÉRABLE

Père JEAN EUDES.

Imprimé par la Société St-Augustin, Bruges.

VÉRITABLE PORTRAIT
DU VÉN. JEAN EUDES
1601-1680

LE VÉNÉRABLE

PÈRE EUDES

1601-1680.

SES ŒUVRES, SES VERTUS, SES MIRACLES,

par le P. A. PINAS, Eudiste,

Supérieur du Juvénat Saint-Louis, à Plancoët (Côtes du Nord.)

A PLANCOËT,	A PARIS,
(Côtes-du-Nord),	chez R. HATON, libr.,
chez l'AUTEUR.	35, rue Bonaparte.

1887.

Les deux Pères que nous avons chargés d'examiner la *Vie du Vénérable Jean Eudes*, par le P. A. Pinas, ont jugé que ce travail est de nature à édifier les fidèles, et à faire connaître, aimer et vénérer le grand serviteur de Dieu dont il raconte les œuvres, les vertus et les miracles. Sur leur rapport, nous en autorisons l'impression.

Fait à Paris, le 16 mars 1887.

ANGE LE DORÉ.
Sup. de la Cong. de Jésus et Marie.

IMPRIMATUR :

Brugis, in festo Inventionis S. Crucis, die 3ª maii 1887.

J. A. SIOEN, CAN.,
lib. cens.

AVANT-PROPOS.

LE Vénérable Père Eudes, que l'Église, nous l'espérons, ne tardera pas à placer sur les autels, est sans contredit l'un des hommes les plus remarquables du XVIIᵉ siècle. Missionnaire infatigable, il travailla pendant soixante ans à combattre l'ignorance religieuse et la dépravation des mœurs. Ennemi acharné du Jansénisme, il lutta, avec toute l'énergie de sa foi, contre cette funeste erreur, et lui opposa l'arme la plus puissante, la dévotion aux Sacrés Cœurs de Jésus et de Marie.

Par l'œuvre des Séminaires, pour laquelle il avait fondé sa Congrégation, et par ses écrits, véritable trésor de piété et de doctrine, il entreprit avec courage la réforme du clergé. Enfin, en instituant l'Ordre de Notre-Dame de Charité, il ouvrit de nombreux asiles aux âmes faibles ou dévoyées.

Ajoutons que peu d'hommes ont poussé aussi loin que lui la pratique de toutes les vertus chrétiennes et sacerdotales. Or, malgré tant de travaux et de mérites, son nom, sa vie, ses ouvrages sont restés dans un oubli profond.

Il serait à souhaiter qu'une vie complète et bien étudiée de ce grand serviteur de Dieu le fît enfin connaître, et rendit sensible l'influence qu'il a exercée sur son siècle, et qu'il exerce encore de nos jours par ses divers instituts.

Plusieurs auteurs, les PP. Costil, Hérambourg, Le Beurier, Martine, de Montigny et M. de Montzey nous ont laissé des études intéressantes sur la vie, les œuvres et les vertus du P. Eudes. Mais tous ces travaux sont incomplets ou décousus. Ce ne sont que des ébauches sans couleur, qui font désirer une main plus habile.

Nous n'avons nullement la prétention de combler cette lacune et d'offrir un portrait achevé du vénérable apôtre. Le temps et le savoir nous manquent pour une telle entreprise. Notre unique but est de tracer à notre tour une simple esquisse aussi exacte que possible, afin de remplacer les volumes épuisés d'une vie abrégée et populaire, dont on réclame depuis longtemps une nouvelle édition.

Puisse cet humble travail contribuer à faire revivre la mémoire de notre Vénérable Père, en attendant qu'une plume moins inhabile, sinon plus dévouée que la nôtre, se charge de mettre en pleine lumière cette mâle et douce figure.

Au Juvénat de Plancoët, en la fête du Saint Cœur de Marie, le 8 février 1887.

N. B. *Pour nous conformer aux prescriptions de la sainte Église Romaine, nous prévenons le lecteur que les termes de* saint, *donné au V. P. Eudes, ou de* miracles, *attribués à son intercession, le seront dans un sens large, et non dans l'acception stricte, que le jugement infaillible de l'Église peut seul autoriser.*

VIE DU VÉNÉRABLE

Père JEAN EUDES.

Première partie: Ses Œuvres.

CHAPITRE I.

Premières années de Jean Eudes.

1601 — 1631

L E voyageur qui visite la Basse-Normandie, trouve non loin d'Argentan, dans le diocèse de Séez, une vieille et modeste église cachée dans la verdure. C'est l'église paroissiale de Ri, telle à peu près qu'elle existait, il y a trois cents ans.

A cinq ou six cents mètres de là, est une maison non moins antique, dans laquelle vivait, à la fin du XVIᵉ siècle, un humble médecin, nommé Isaac Eudes.

Ayant commencé ses études en vue de l'état ecclésiastique, il changea de résolution, quand la peste lui eut enlevé tous ses frères. Mais il n'en demeura pas moins ferme dans ses convictions religieuses, et tellement fidèle aux exercices de la piété, qu'à l'exemple des ministres de l'Église, il récita le bréviaire tous les jours. Aussi, tout en prodiguant ses soins au soulagement corporel des malades, il leur donnait avec zèle et prudence d'excellents conseils pour le bien de leurs âmes.

Digne de lui, sa vertueuse épouse, Marthe Corbin, était douée d'un esprit solide et d'un caractère décidé, dont le trait suivant nous peint bien l'énergie.

Un de ses parents ayant été tué en duel, l'affaire allait être portée devant les tribunaux, quand Marthe, pour arrêter le scandale et éviter la honte qu'elle redoutait pour la famille, usa d'un habile et hardi stratagème. Elle fit le soir même enterrer le cadavre dans un de ses champs, qu'elle ordonna aussitôt de labourer toute la nuit. Quand le matin les officiers royaux se présentèrent, pour les constatations légales, ils restèrent déconcertés, et durent renoncer à une recherche impossible.

Les deux époux, unis depuis trois ans déjà, et désolés de n'avoir point d'enfants, promirent par vœu d'aller en pèlerinage à Notre-Dame-de-Recouvrance, dans la paroisse des Tourailles, si Dieu faisait cesser leur stérilité.

Leur prière fut exaucée et tous les deux s'empressèrent d'accomplir cette promesse. Le quatorze novembre 1601, il leur naquit un fils, qui reçut au baptême le nom de Jean.

C'est de cet enfant de bénédiction, fruit de la

prière, que nous avons à parler. Il devint l'aîné d'une nombreuse famille, car il eut quatre sœurs et deux frères. Isaac Eudes put, à l'aide de son travail, élever tous ses enfants et leur procurer une bonne éducation. Sa fortune était bien médiocre : il possédait seulement, en la paroisse de Ri, quelques arpents de terre, au lieu dit le Mézerai et au Val-d'Houai.

Le second de ses fils, François Eudes, est devenu célèbre sous ce titre de Mézerai. Secrétaire de l'Académie française, écrivain distingué, il s'est fait un nom par son *Histoire de France*.

Le troisième, Charles Eudes, surnommé d'Houai, bien que moins connu, rendit par son dévouement et sa fermeté d'éminents services à Argentan, où il exerça la profession de chirurgien. En 1638, la peste y vint faire d'effrayants ravages et lui fournit l'occasion de déployer son zèle : « La désolation « fut extrême, dit un chroniqueur du temps, et telle « qu'elle n'avait jamais été vue par aucun des an- « ciens. Dans le faubourg Saint-Thomas tout le « monde mourut ou abandonna, à la réserve des sieurs « de la Fontenelle et Bordeaux, avec la femme du « dit Bordeaux. Dans la grand'rue l'herbe y était à « couvrir le pavé, n'y voyant d'allants et venants « dans tout le faubourg que le *chirurgien de la* « *santé, M. Charles Eudes, sieur d'Houay, frère de* « *du Mézeray et du P. Eudes*, qui venait quérir chez

« le sieur Bordeaux les remèdes, qu'on lui mettait
« dans la rue, ou bien le tombereau, qui venait
« quérir les morts ou malades. »

Si Charles d'Houai se distingua comme médecin,
il le fit également comme échevin de la ville, dont
il défendit énergiquement les intérêts.

Le comte de Grancey, gouverneur d'Argentan,
entreprit d'en démolir les murailles, occasion d'attaques et de pillages contre les habitants. Arrivés
au pied de la tour de l'horloge, les ouvriers allaient
l'abattre. Cependant les bourgeois d'Argentan mur-
muraient, désirant conserver ce curieux monument,
d'autant plus qu'il renfermait un énorme timbre,
donné par Marie d'Espagne en 1378. Mais le gouverneur ne voulant rien entendre commande de
renverser la tour comme le reste. Les échevins
n'osent résister à un maréchal de France. L'un
d'eux pourtant, Charles d'Houai, seul lui tient tête :
« D'où viens-tu, s'exclame le comte furieux, et qui
es-tu pour t'opposer à mes ordres : — Nous sommes
trois frères, répond ce modeste chirurgien, tous
trois adorateurs de la vérité : l'aîné la prêche, le
second l'écrit, et moi, je la défendrai jusqu'à mon
dernier soupir. » La tour eut sa grâce et ne fut ren-
versée qu'en 1727.

Mais revenons à celui, qui seul doit nous occuper
désormais.

Jean Eudes, qui fut, dès sa naissance, consacré à

Église de Ri ; paroisse natale du V. P. Eudes.

Marie, et qui, dans les desseins de Dieu, devait être une brillante lumière dans l'Église, se distingua de bonne heure par sa modestie, sa piété et sa dévotion envers la Sainte-Vierge. Ses inclinations naturelles pour la vertu, fortifiées par l'esprit de foi qui régnait dans la famille, comme aussi par les conseils et les exemples de la meilleure des mères, inspirèrent à cet enfant une horreur infinie pour tout ce qui aurait pu ternir la pureté de son âme, et un ardent amour pour Jésus et pour Marie. Son plus grand bonheur était la prière en face des autels. On voit encore, dans l'église de Ri, le pilier derrière lequel il aimait à se retirer et s'oubliait parfois, jusqu'à ce que sa mère, inquiète de sa disparition, vînt l'y surprendre. Heureuse la mère qui trouve une terre si bien préparée pour y jeter les semences de la foi et de la vertu.

Jean Eudes n'avait encore que neuf ans quand il donna un admirable exemple de douceur. Un de ses compagnons, le jeune Desdiguiers, dans un mouvement d'impatience, lui appliqua un soufflet sur la joue. Jean, à qui sa pieuse mère avait cité le précepte de l'Évangile, se mit aussitôt à genoux : « Frappe sur l'autre », dit-il. L'insulteur rougit, honteux de son emportement et se retira.

L'enfant était d'une complexion délicate. Cependant il grandissait et avançait en âge. Le père eût désiré l'instruire lui-même, mais il était trop occupé par les devoirs de sa profession. Il fut donc heureux de pouvoir le confier à un saint prêtre d'une paroisse voisine.

Ce zélé pasteur, Messire Jacques Blavette, reconnut tout de suite, dans son jeune élève, les plus excellentes dispositions pour la science et pour la vertu. Il en profita pour développer l'une et l'autre avec un égal dévouement, et, grâce à ses soins assidus, les progrès furent rapides.

Il s'appliqua surtout à le préparer à cette grande et sainte action qui marque dans la vie du chrétien et qui l'unit pour la première fois au Dieu de l'Eucharistie. Ce fut à l'âge de douze ans, le jour de la Pentecôte, 1613, que Jean Eudes fit sa première communion, après s'y être disposé, comme il le dit lui-même dans son *Mémorial des bienfaits de Dieu* (1), par une confession générale.

Bien qu'il ne fût pas d'usage alors de déployer, pour cet acte important, toute la solennité, dont on l'entoure aujourd'hui, notre pieux écolier n'en fut pas moins pénétré d'une ferveur extraordinaire.

Le principal fruit qu'il en retira fut un accroissement d'amour pour le Très-Saint-Sacrement de l'autel. A partir de ce jour, il tint à communier tous les mois, chose inouïe dans cette paroisse, nous disent ses historiens, car les habitants, d'une ignorance

---

1. Recueil que le V. P. Eudes a écrit lui-même pour se rappeler les faveurs, qu'il avait reçues et pour s'exciter à glorifier Dieu.

grossière pour les vérités du salut, n'approchaient que très rarement et sans dévotion de la Table sainte.

En même temps que le jeune Eudes prenait Notre-Seigneur pour son partage, il consacrait à la Sainte-Vierge toutes ses affections, par un vœu de chasteté perpétuelle : Ce fut à l'âge de quatorze ans, qu'étant allé se prosterner devant une statue de Marie, il la choisit pour son épouse mystique et lui mit au doigt un anneau, gage de cette chaste alliance.

Tout le reste de sa vie, fidèle à cette promesse, il conserva dans une parfaite intégrité la vertu angélique. Un mot trop libre, un geste, un objet indécents suffisaient pour le faire rougir et alarmer sa conscience délicate.

En voyant ce pieux jeune homme prendre ainsi Marie pour son épouse et lui consacrer son cœur, ne croyons-nous pas entendre la très Sainte Vierge lui adresser ces paroles, que Notre-Seigneur dit un jour à la bienheureuse Marguerite-Marie : « Je t'ai choisie pour mon épouse, et nous nous sommes promis fidélité mutuelle, lorsque tu m'as fait vœu de chasteté. C'est moi qui te pressais de le faire, avant que le monde eût aucune part dans ton cœur ; car je le voulais tout pur et sans être souillé d'aucune affection terrestre. »

Ainsi l'amour de Jésus et de Marie, dont petit enfant il avait appris à bégayer les noms, grandit dans son cœur, en saisit toutes les fibres et devint le centre de sa vie et le terme de toutes ses actions.

A cette époque Isaac Eudes sentit la nécessité d'envoyer son fils continuer ses études à Caen. La mère en fut attristée, moins encore par les douleurs de la séparation, que par ses craintes pour la foi de cet enfant.

Ces frayeurs pourraient sembler exagérées, si l'on ne considérait qu'un tiers au moins de la population de cette ville était formé de protestants. En outre les PP. Jésuites n'y avaient qu'un externat, et leurs élèves devaient loger en ville, position dangereuse pour les jeunes gens, dont la famille se trouvait éloignée.

Mais Jean avait un caractère trop ferme et une foi trop vive pour souffrir d'une pareille épreuve : « Je fus reçu, dit-il, dans la quatrième classe, en 1615, le jour de Saint-Denis, sous le P. Robin, j'étudiai sous sa direction jusqu'à la seconde classe inclusivement, par une faveur spéciale de Notre-Seigneur, parce que c'était un régent très vertueux et très pieux. Il nous parlait souvent de Dieu avec une ferveur extraordinaire. Il m'aida plus que je ne puis dire pour les choses du salut. »

Observons que notre jeune étudiant considère avant tout la piété et la vertu dans son nouveau professeur. Le P. Robin de son côté remarqua bientôt les excellentes dispositions de son élève ; il en prit un soin tout particulier et il lui fit faire des progrès si rapides, qu'arrivé en rhétorique, le jeune homme ne trouva qu'un condisciple à lui disputer la première place.

A mesure qu'il avançait dans les sciences, Jean marchait à grands pas dans la voie de la piété. Dès son entrée au collège, il avait choisi un sage directeur, auquel il avait fait une confession générale. Puis il avait contracté la pieuse habitude d'approcher souvent de la Table sainte. La fréquentation des sacrements de Pénitence et d'Eucharistie le préserva sans peine des erreurs et de la licence de cette malheureuse époque.

Nous nous figurons difficilement les dangers que courait la jeunesse dans ces temps de trouble. Aussi était-elle loin d'être sage, et les révoltes des écoliers de nos jours ne sont que des jeux d'enfants auprès des rixes sanglantes de ces étudiants mutinés.

Inutile de dire que notre jeune Eudes ne fut jamais mêlé à aucune cabale et qu'il ne fréquenta que des écoliers vertueux et tranquilles.

Son bonheur, dans les jours de congé, était de visiter les églises, surtout quand le Saint-Sacrement s'y trouvait exposé. On l'y voyait souvent passer plusieurs heures de suite et prendre, dans ces entretiens avec Notre-Seigneur, dont la conversation n'engendre point d'ennui, le repos dont il avait besoin.

Après ces instants délicieux passés dans la compagnie du Fils de Dieu, Jean Eudes n'en connaissait pas de plus agréables que ceux qu'il pouvait consacrer au culte de sa divine Mère. Il était un des membres les plus fervents de la *Congrégation des Écoliers*, établie dans le collège et vouée spécialement au culte de la Reine du ciel. Il aimait à en réciter l'office et à en célébrer les fêtes avec quelques condisciples choisis. Il s'y faisait remarquer entre tous par son édifiante piété et par son amour filial pour la Sainte-Vierge.

Telle était l'estime et, pour ainsi dire, la vénération qu'il avait inspirée à ses camarades, qu'il n'était connu dans le collège que sous le nom du *dévot Eudes*.

Vers la fin de la rhétorique, effrayé des dangers que présente le monde, il eut l'idée de se retirer dans une communauté religieuse. Mais son directeur l'ayant engagé à faire la philosophie, il obéit.

Sur le point de quitter le collège, il voulut être fixé sur sa vocation. Suivant donc les avis de son confesseur, il se prépara, par la réception des sacrements, à connaître les desseins de Dieu sur son avenir. La lumière divine ne se fit pas attendre, et, avec l'approbation du directeur de son âme, il résolut de se consacrer au service de Dieu, dans l'état ecclésiastique. Ce fut avec cette décision bien arrêtée qu'il rentra au sein de sa famille.

Mais telles n'étaient pas les vues de ses parents ;
il ne tarda pas à s'en apercevoir.

Les premiers jours furent tout entiers donnés à
la joie de se retrouver après une si longue séparation.
Nous ne voyons pas en effet que l'écolier fût retourné
au pays natal pendant les vacances des années précédentes. Les communications étaient très difficiles
et les voyages toujours coûteux. D'autre part, si
l'esprit de famille était plus grand que de nos jours,
l'éducation était loin d'être aussi molle. Aussi les
parents n'hésitaient-ils pas à priver leurs enfants
des joies du foyer domestique, quand ils le croyaient
utile pour assurer leur avenir et leur procurer une
solide instruction.

Ce fut donc seulement quelques jours après son
arrivée, que Jean eut connaissance des projets de
son père. Dans l'intention de le fixer près de lui,
Isaac Eudes avait jeté les yeux sur une jeune fille
riche, pieuse et belle, et comptait en demander la
main pour son fils. L'embarras fut grand pour le
jeune homme, ainsi mis en demeure de déclarer ses
sentiments. Il répondit d'une façon assez vague,
qu'il avait fait choix d'une autre épouse incomparablement plus belle, plus riche et plus vertueuse.

Contrariés de ces paroles, le père et la mère ne
désespérèrent pas cependant de l'amener à leurs
fins. Ils le conduisirent quelques jours plus tard à
une partie de plaisir organisée avec les parents de

la jeune personne. Mais Jean Eudes devina le piège, et, sans manquer à la politesse, se montra indifférent.

Au retour, Isaac désappointé exprima son mécontentement et adressa de vifs reproches à son fils : « Où prétendez-vous en venir, lui dit-il ? Le choix, que nous vous proposons, n'est-il pas une bonne fortune ? Avez-vous par hasard l'intention de ne pas tenir compte de la volonté paternelle ? » Et, en achevant ces mots, il le quitta brusquement.

Jean résolut alors de s'expliquer nettement sur ses projets d'avenir. Il alla donc trouver son père, et lui dit avec émotion, qu'ayant mûrement réfléchi et consulté, comme il devait le faire, sur le grave sujet de sa vocation, il s'était décidé pour l'état ecclésiastique. Le père feignit une certaine irritation, mais au fond du cœur il se réjouit de ne pas le voir, comme il l'avait craint, se prononcer pour la vie religieuse. Aussi lui permit-il de suivre cet attrait, dans l'espérance de le retenir auprès de sa famille.

A partir de ce moment le jeune homme ne pensa plus qu'à se préparer à l'ordination, qui devait avoir lieu deux mois plus tard. Il s'y disposa par le recueillement, la prière et de pieuses lectures.

Le 19 septembre 1620, après avoir subi un examen, il fut admis à recevoir à Séez la tonsure et les ordres mineurs, des mains de Mgr Camus, son évêque. Renonçant à tous les avantages que le monde pouvait lui offrir, pour ne s'attacher qu'à Celui qui était devenu la portion de son héritage, Jean laissa de côté l'étude des sciences profanes et s'appliqua exclusivement à celle de la théologie. Il obtint même de son père la permission de retourner à Caen pour y suivre les cours publics et s'exercer aux controverses.

Mais bientôt dégoûté du monde, dont il redoutait de plus en plus les dangers, il songea à le quitter pour embrasser une vie plus parfaite. Dans ce but, il tourna ses regards vers la Congrégation de l'Oratoire, établie à Caen depuis un an, et fondée onze années auparavant par M. de Bérulle. Il sollicita son admission dans le nouvel institut et y fut agréé, sans avoir encore le consentement de ses parents. Pour l'obtenir, il revint à Ri, leur fit part de sa détermination et les pria de le bénir.

Le père interdit, demeure alors quelque temps silencieux, puis éclatant en reproches : « Je vois trop maintenant, s'écrie-t-il, que je n'ai travaillé que pour un ingrat, pour un fils inhumain et dénaturé. »

Sans se laisser ébranler par ces reproches, Jean Eudes se décide à attendre quelques jours, dans le silence et la prière, une solution meilleure. Jugeant enfin que le refus est irrévocable, et craignant de succomber dans la lutte, il cherche à se dérober par la fuite aux menaces d'un père courroucé, aux supplications et aux larmes d'une mère chérie. Il monte donc à cheval et se met en route pour Paris. Mais à peine avait-il parcouru deux ou trois lieues, que l'animal s'arrête tout à coup et refuse d'aller plus loin.

Après de vains efforts, notre voyageur, frappé de l'obstination de sa monture, croit que la Providence lui demande de retourner sur ses pas. Il obéit et vient solliciter de nouveau le consentement de son père. Celui-ci, ne consultant plus cette fois que ses sentiments profondément chrétiens, lui dit avec émotion : « Puisque vous persistez dans votre résolution, croyant que c'est la volonté de Dieu, exécutez-la, mon fils, je ne veux pas m'y opposer. » Jean au comble du bonheur et remerciant Dieu de cette faveur insigne se remit en route.

Ce fut le 25 mars, jour de l'Annonciation, qu'il se présenta devant M. de Bérulle. Il en fut accueilli avec empressement, et, sous sa conduite, fit les plus rapides progrès dans la vie spirituelle : « On n'avait point encore vu, dit le P. Martine, un novice si fervent, ni si fidèle à travailler à sa perfection. Son exactitude à remplir tous les devoirs de son état, sa ponctualité à tous les exercices, la perfection de son obéissance semblaient être son caractère distinctif. »

Le 21 décembre 1624, le jeune clerc fut définitivement enrôlé dans la milice sacrée, par la réception du sous-diaconat à Séez. Au carême suivant, il fut ordonné diacre à Bayeux, et le 20 décembre 1625, il reçut l'onction sacerdotale à Paris.

Ce fut à minuit, le jour de la naissance du Sauveur, que le P. Eudes célébra sa première messe, mais avec une si grande profusion de grâces et avec une telle consolation qu'il n'en perdit jamais le souvenir.

Il aurait voulu déverser aussitôt sur les fidèles un peu de cet esprit sacerdotal qui remplissait déjà son cœur. Mais la Providence préférait qu'il en fût inondé, avant de le répandre sur les autres. Il se trouva réduit à un état de faiblesse tel, que ses supérieurs durent l'envoyer deux années à Notre-Dame-des-Vertus, campagne des Oratoriens, située à Aubervillers, près de Paris. La prière et la lecture de l'Écriture-Sainte y partagèrent son temps et le préparèrent admirablement à son ministère futur.

Il était à peine remis de cette maladie de langueur, lorsqu'il apprit que la peste ravageait le diocèse de Séez. Aussitôt il sollicita et obtint de M. de Bérulle la permission d'aller au secours des pestiférés.

Il sort donc de Paris à pied, le bâton à la main, avec son bréviaire et un autel portatif. Reçu avec joie par l'autorité diocésaine et muni de tous les pouvoirs nécessaires, il se dirige vers le centre de la contagion et trouve, à Saint-Christophe, à Saint-Martin, à Vrigny, à Avoines, les malades abandonnés par leurs proches et par ceux-là mêmes, qui leur doivent les secours spirituels et les dernières consolations.

Ce fut en vain qu'il alla frapper aux portes des presbytères et des châteaux pour s'y procurer un lit (1). Personne ne voulait loger un homme qui passait ses journées au chevet des malades. Seul, au milieu de tant d'égoïsme et de dureté, un pauvre prêtre, nommé Laurens, consentit à partager son toit et son pain avec le P. Eudes et s'offrit à lui comme aide dans ses pénibles et dangereux travaux.

Les deux saints prêtres convinrent de ne se séparer tous les matins, qu'après avoir dit la Messe et s'être munis des hosties nécessaires pour donner le saint Viatique aux malades. Depuis le 25 août 1627, jusqu'après la Toussaint, ils passèrent ainsi les journées, et souvent une partie des nuits, à distribuer aux moribonds les secours religieux.

Le fléau ayant cessé, le P. Eudes reçut de M. de Bérulle, qui venait d'être élevé au cardinalat, l'ordre de se retirer à Caen, pour s'y préparer aux missions.

A peine y est-il arrivé, que le mal fond tout à coup sur la ville. Ému de pitié et enflammé d'un courage héroïque, le jeune prêtre demande de nouveau à se consacrer au soulagement des pestiférés,

---

1. « Il ne put obtenir aucun hospice (hospitalité), dit le P. Hérambourg, de messieurs les curés ni des seigneurs des paroisses. Il fut en cela semblable à son Maître, qui étant descendu du trône de sa gloire pour soulager les hommes et les délivrer de leur infirmité, en fut honteusement rebuté. »

Le V. P. Eudes, pour se dévouer au soin des pestiférés, loge dans la prairie de l'abbaye de Sainte-Trinité de Caen.

et, afin de ne point exposer ses confrères, il se retire dans un tonneau, au milieu d'une prairie, que depuis lors on appela longtemps le *Pré du Saint*.

Chaque jour Mme de Budos, abbesse de la Trinité, faisait porter dans ce tonneau, où le P. Eudes prenait ses repas et son sommeil, les aliments dont il avait besoin. Il ne rentra dans sa communauté que pour venir au secours de son supérieur, le P. Répichon, qui mourut dans ses bras, et de deux de ses confrères, dont l'un fut aussi victime de la contagion funeste.

Pour lui, qui ne craignait point la peste, alléguant qu'il était plus méchant qu'elle, il fut encore épargné cette fois. Mais épuisé de fatigue, il fut atteint d'une fièvre continue, qui, dès le début, inspira les inquiétudes les plus graves. Lui seul ne se préoccupa point de son état, tout disposé qu'il était à faire à Dieu le sacrifice de sa vie. Il n'en fut pas ainsi de ses confrères et des habitants de la ville de Caen, spécialement des communautés. Tous se mirent en prière pour la conservation d'une santé si chère et si utile.

« Nous avons appris, lui écrivait une religieuse « Carmélite au nom de tout le monastère, que vous « aviez grand peur que nous ne vous ravissions « d'entre les mains de Dieu. Non, non, ne craignez « point, nous n'avons pas si peu de charité pour vous, « mon Père, mais si JÉSUS-CHRIST veut encore se

« glorifier en vous et par vous, en cette vallée de
« larmes, il faut que vous ayez patience : fussiez-
« vous à la porte du ciel, prêt à y entrer, nous vous
« en retirerons. »

Le P. Eudes guérit et ne crut pas pouvoir faire
un meilleur usage de ses forces qu'en les consacrant,
avec la permission de ses supérieurs, à la prédication
et au travail des missions.

CHAPITRE II.

Missions du P. Eudes.

1631 — 1675

DÈS que le P. Eudes fut revenu à la santé, il se remit au travail avec une nouvelle ardeur. Nous n'essayerons point de rappeler en détail tous ses travaux apostoliques, la liste en serait interminable. Indépendamment des retraites, des avents, des carêmes qu'il prêcha, on a compté jusqu'à cent douze grandes missions, dont il fut le chef et l'âme. Contentons-nous de raconter rapidement comment il fut sous ce rapport l'instrument de la Providence, ramenant à Dieu des provinces entières, éclairant les pasteurs et les peuples, les entraînant à l'accomplissement de leurs devoirs et à la pratique des vertus chrétiennes.

Mais pour mieux saisir son action sur les prêtres et les fidèles, il est utile de se représenter l'état d'abandon, d'ignorance et de libertinage, dans lequel vivaient alors la plupart des populations.

Deux fléaux surtout, l'hérésie de Calvin et la guerre civile, avaient causé un trouble profond dans notre patrie. Le clergé, comme nous le verrons bientôt, semblait oublieux de toutes ses obligations et laissait les chrétiens sans secours spirituels, sans instruction, souvent même sans sacrements.

Le peuple, surtout celui des campagnes, ignorait les vérités les plus élémentaires de l'Évangile. Il menait une vie licencieuse et souillée par les parjures, les homicides, les duels, les empoisonnements, les violences et des crimes de toute nature.

Le P. Eudes comprit que la tâche du missionnaire était grande. Instruire les populations, les éloigner du vice, les ramener à la vertu et à la fréquentation des sacrements, c'était une entreprise longue et pénible. « Afin qu'une mission fasse quelque changement dans les mœurs, écrivit-il à Mgr de la Vieuville, évêque de Rennes, et qu'elle détruise les vices et les mauvaises habitudes, il est nécessaire qu'elle dure pour le moins sept ou huit semaines. Nous n'en faisons point dans les plus petites paroisses de la campagne, qui ne dure six semaines entières ; autrement on plâtre le mal, mais on ne le guérit pas ; on rompt les mauvaises herbes, mais on ne les déracine pas ; on fait du bruit, mais pas de fruit. »

Pour rendre ces missions plus efficaces, le P. Eudes traça les règles les plus sages. Chaque prêtre devait s'y préparer, avant son départ, en faisant une retraite de trois jours. Toutes les semaines les missionnaires, dans une conférence spirituelle, s'encourageaient les uns les autres à bien remplir leur devoir.

L'ouverture de la mission se faisait avec la plus grande solennité et avec le concours des paroisses voisines. La contrée entière participait à tous les saints exercices et aux fruits de salut qui en découlaient. Aussi le P. Eudes devait-il le plus souvent prêcher en plein air, devant un auditoire de dix, quinze, et parfois trente mille personnes.

Les confessionnaux se trouvaient assiégés du matin au soir : « Nous sommes ici, écrivit plusieurs fois notre vaillant apôtre, vingt ou vingt-cinq ouvriers ; mais cinquante ou soixante n'y suffiraient pas. » Beaucoup de personnes, nous disent ses historiens, restaient à l'église, avant de pouvoir se confesser, quatre et cinq jours, depuis le matin jusqu'au soir, sans manger, ou ne mangeant qu'un morceau de pain sec à la dérobée.

« On y voyait, raconte le P. Hérambourg, une infinité de pauvres gens de la campagne, venus de six, sept et quinze lieues, et quelquefois de plus loin, nonobstant la rigueur de l'hiver. »

Les prières du matin se récitaient à genoux, et le peuple les répétait mot à mot. On les apprenait ainsi aux gens les plus grossiers et on leur enseignait à les dire dévotement. Elles étaient suivies du sermon.

De midi et demi à deux heures avait lieu le catéchisme, après lequel on récitait la prière du soir de la même manière que celle du matin. Le reste du jour était consacré à entendre les confessions.

Dans les villes il y avait deux sermons par jour, ainsi que le dimanche dans les campagnes.

Tout était mis en œuvre pour assurer le succès de la mission. Chaque semaine dans des réunions particulières, le P. Eudes rappelait aux prêtres leur dignité, leurs obligations et la manière de les bien remplir.

Il représentait aux gentilshommes combien le vice et la tyrannie sont opposés à la grandeur d'âme et à la vraie noblesse. Il s'élevait avec force contre la passion du duel poussée dans ces temps jusqu'à la fureur.

Aux mères de famille il apprenait à élever chrétiennement leurs enfants, à veiller sur leurs filles, à leur interdire les nudités, les lectures frivoles et les fréquentations dangereuses.

Aux artisans il défendait les impiétés du compagnonnage : « C'étaient, dit le P. Costil, d'infâmes cérémonies, pratiquées par les cordonniers, tailleurs d'habits, chapeliers et selliers, dans lesquelles on contrefaisait les cérémonies de la messe et du saint baptême. »

Le dimanche et le jeudi avaient lieu les communions générales, précédées et suivies de pieuses exhortations.

Mais les enfants étaient surtout l'objet d'un soin particulier et de tous les jours. Réunis par le

P. Eudes ou par quelqu'un de ses meilleurs ouvriers, ils étaient préparés par des catéchismes
suivis et par de pieux entretiens à leur première
communion.

Enfin pour clore la mission, la plus imposante
des cérémonies venait en imprimer dans les esprits
et les cœurs un souvenir impérissable. On organisait
une procession solennelle, dans laquelle on compta
souvent jusqu'à vingt ou vingt-cinq bannières de
diverses paroisses. Elle se rendait à un splendide
reposoir, où le P. Eudes, se surpassant lui-même,
faisait fondre en larmes cet immense auditoire.

Tel fut le règlement ordinaire des missions prê-
chées par cet infatigable apôtre avec un zèle que
nous ne saurions décrire.

Nous aimerions à passer en revue, si elles n'étaient
trop nombreuses, les missions qu'il présida en
personne. Quelques traits seulement nous en pein-
dront les fruits abondants.

Après avoir évangelisé dix paroisses aux diocèses
de Coutances et de Bayeux, le P. Eudes vint dans
le diocèse de Saint-Malo, à Pleurtuit, Plouër et
Cancale. Il y fut assez mal accueilli, comme il l'a
raconté lui-même : « On m'a donné de fort belles
qualités, écrivait-il de Plouër, car les uns ont dit que
j'étais le précurseur de l'antéchrist, les autres l'antéchrist même, quelques-uns un séducteur et un
diable.... Tout cela n'est que des roses ; mais les

épines qui me percent le cœur, c'est de voir plusieurs
pauvres gens, qui sont quelquefois huit jours après
moi, sans pouvoir se confesser, quoique nous soyons
dix confesseurs. » Ainsi les préventions se dissi-
paient vite, et quelques contradictions au début
n'empêchaient pas le bien de se produire ensuite.

De Bretagne le P. Eudes retourna en Normandie ; et dans une mission à Fresne, au diocèse de
Bayeux, il convertit plusieurs huguenots et établit
l'usage de réciter en commun les prières du matin
et du soir, usage qui s'y est conservé jusqu'à nos
jours dans beaucoup de familles.

En l'année 1637 il évangélisa Ri, sa paroisse
natale, et y éprouva les plus grandes consolations.

Les diocèses de Bayeux, de Lisieux et de Coutances furent ensuite les témoins incessants de son
zèle apostolique. On venait de tous côtés pour l'entendre ; les esprits les plus hostiles se trouvaient
gagnés et convaincus, les cœurs rebelles se rendaient
à Dieu et en donnaient des preuves réelles par de
sincères réconciliations, par des restitutions impor-
tantes, et par un changement non moins éclatant
que durable.

En 1642, accompagné de trente prêtres, il travailla
à Rouen pendant plus de trois mois. L'archevêque
Mgr de Harlay, témoin de sa sainteté et de son
dévouement, ordonna à un de ses aumôniers de
publier dans la ville une lettre patente, qui procla-

mait le P. Eudes chef de toutes les missions de Normandie.

La même année, il revint en Bretagne pour faire à Saint-Malo, une grande mission qui ne fut pas moins féconde que les précédentes en fruits de conversions et de grâces. C'est dans cette mission qu'il donna d'une façon plaisante, à deux ecclésiastiques, une correction bien méritée.

Tous les deux lui avaient refusé, sous des prétextes frivoles, de confesser une pauvre femme en haillons. Le saint missionnaire, malgré ses occupations, la confesse lui-même sans leur adresser le moindre reproche. Mais après le dîner, il va les trouver et leur dit soudain : « Messieurs, deux honnêtes demoiselles réclament votre ministère, pouvez-vous les entendre? — « Oui-dà, mon Père, où sont-elles? » répondent à la fois les deux jeunes prêtres. — « Oui-dà, mon Père, où sont-elles ? » répète alors en riant le P. Eudes. Les deux coupables comprennent aussitôt le ridicule de leur conduite et demeurent confus de leur faute.

De Bretagne, il se rendit à Saint-Lô, où il convertit un grand nombre de protestants. Puis, continuant ses travaux apostoliques au diocèse de Coutances, il évangélisa Saint-Sauveur-le-Vicomte et Valognes.

Dans cette dernière ville, il lui fallut, à cause de la foule, prêcher tous les jours sur une grande place derrière le château. On y voyait, les dimanches et les jours de fête, plus de trente mille personnes « lesquelles, dit le P. Costil, par une espèce de prodige, l'entendaient également, les plus éloignées comme les plus proches. »

Cette mission de Valognes ne manquait cependant pas que d'offrir de sérieuses difficultés, à cause de l'esprit prétentieux et critique des habitants. Il y avait même une troupe de jeunes filles s'arrogeant le droit de juger tous les sermons, ce qui avait déjà déconcerté plusieurs prédicateurs. Le P. Eudes, dès les premiers jours de la mission, chargea un de ses meilleurs ouvriers, le P. Manchon, d'y porter remède. Celui-ci ayant convoqué toute la ville pour un sermon extraordinaire, la troupe des précieuses y accourut. Le prédicateur, après avoir captivé l'attention par un éloge de Valognes, ajouta :

« Tout le monde sait en quelle réputation est votre ville, Messieurs, ville qui renferme dans son enceinte une infinité de personnes si distinguées par leur noblesse, leur politesse et la délicatesse de leur esprit, auquel rien n'échappe de ce qui regarde la littérature et le bon goût. Mais elle a encore quelque chose qui me paraît plus singulier et plus extraordinaire, c'est que le sexe même a part à cette distinction et qu'on voit, parmi les personnes qui s'appliquent à l'étude des beaux-arts, une compagnie de filles qui font profession d'un grand discernement. Il leur manque cependant une chose : elles n'ont point de chef pour présider à leurs assemblées. C'est ce qui m'a donné la pensée d'en choisir un qui leur convienne. Or je n'en trouve pas qui soit plus propre en cette matière que... l'ânesse de Balaam. »

Tout le monde applaudit à l'adresse de l'orateur. Mais les pauvres filles furent tellement couvertes de confusion, qu'elles n'osèrent plus lever les yeux pendant le reste du discours, et leurs réunions furent à jamais abolies.

La mission de Valognes se termina, comme la plupart des autres, par la mise au bûcher, sur une place publique, des mauvais livres et des tableaux licencieux.

Le premier dimanche de l'Avent, de l'année 1647, le P. Eudes commençait, à Autun, une mission qui dura trois mois entiers. Il y prêcha tous les jours, et souvent plusieurs fois par jour, à une foule immense que ne pouvait contenir la cathédrale. On venait de six et sept lieues pour entendre ses instructions. Tel fut le fruit de sa parole que non seulement il opéra des conversions sans nombre, mais qu'il rétablit l'ancien hospice, en fit ériger un nouveau, fonda une messe pour les prisonniers chaque dimanche, et abolit des mascarades devenues de vraies saturnales.

Au 14 février, fête de saint Valentin martyr, les masques couraient les rues pendant le jour, dans les accoutrements et les postures les plus dissolus. Après ces divertissements coupables, ils consacraient la nuit à des bals accompagnés de toute sorte de débauches. Les jeunes gens qui se déguisaient étaient appelés *Valentins* et dirigés par un chef, qu'on nommait la *Mère-Folie*. Or, tel fut l'ascendant exercé par le P. Eudes sur tous ces jeunes débauchés, que le jour Saint-Valentin, 1648, il remplaça ces scandales par un pèlerinage public à la Sainte-Vierge. La *Mère-Folie* et ses *enfants* y communièrent et beaucoup d'entre eux tinrent à quitter le pays, pour ne plus se laisser entraîner dans les mêmes désordres.

Une autre mission prêchée à Beaune, en Bourgogne (1648), ne fut pas moins remarquable en fruits de salut, et y fit disparaître une détestable coutume, ou plutôt un désordre, qu'il semblait impossible de détruire. Le dimanche de Pâques, au salut, les enfants et les jeunes gens de la ville se donnaient rendez-vous, pour hurler dans l'église les *Alleluia* de la prose *O filii et filiæ…* Le P. Eudes, à la fin de la mission, fut témoin de cette horrible et inconvenante musique. A peine les cris eurent-ils commencé que, d'un geste, il imposa silence et en quelques mots protesta contre ce scandale. Le chant fut repris, et les mêmes hurlements se firent encore entendre. Il attendit patiemment la fin de la prose, puis, faisant fermer les portes de l'église, monta en chaire. Alors, enflammé d'une sainte indignation, il prêcha avec tant de force pendant une heure, que tous furent consternés de leur conduite et prirent la résolution de se montrer plus respectueux dans le lieu saint.

Dans les années suivantes, jusqu'en 1651, le P. Eudes donna, toujours avec le même zèle et le même succès, des missions dans les diocèses de Lisieux, d'Autun, de Bayeux, de Chartres et de Coutances.

En 1651, il fit cinq missions, dont une à Paris, sur les instances de M. Olier, curé de la paroisse Saint-Sulpice, instituteur du Séminaire et de la Société de ce nom.

Ce saint homme, dit l'auteur de sa vie, « manda, pour diriger en chef une mission générale, le P. Eudes, son ami, instituteur de la Congrégation des Eudistes. Il ne connaissait personne qui eût mieux le don d'annoncer la parole de Dieu et d'opérer de grandes conversions, que cet homme extraordinaire, qu'il appelait la *merveille de son siècle*, et aux travaux duquel Dieu avait donné jusqu'alors les fruits les plus abondants. Cette mission, qui dura tout le carême, eut tout le succès que M. Olier s'en était promis. »

Après une série non interrompue de travaux dans les diocèses de Normandie, notre apôtre infatigable revint à Paris, en 1660, pour y prêcher deux nouvelles missions, l'une aux Quinze-Vingts et l'autre à Saint-Germain-des-Prés.

Voici ce qu'écrivait Saint-Vincent-de-Paul à l'occasion de la première : « Quelques prêtres de Normandie, conduits par le P. Eudes, sont venus faire une mission dans Paris avec une bénédiction admirable. La cour des Quinze-Vingts est bien grande, mais elle était trop petite pour contenir le monde qui venait aux prédications. » Le pape Alexandre VII fut lui-même informé que Paris n'avait rien vu de comparable aux fruits de cette mission. On compta jusqu'à dix et douze prélats assistant en même temps aux instructions du saint missionnaire.

La mission de Saint-Germain-des-Prés la suivit, et dès le début fut signalée par un immense concours d'auditeurs : « Il y avait tant de monde au premier sermon, écrivit M. Manchon, et l'abbaye de Saint-Germain était si pleine, quoique très vaste, qu'il s'en retourna plus de trois mille personnes, sans y pouvoir entrer. » Cette mission dura plus de deux mois et surpassa toutes les précédentes par son éclat et ses fruits extraordinaires.

Au sermon de clôture le P. Eudes félicita la reine-mère qui avait suivi les pieux exercices, de l'exemple qu'elle venait de donner à son peuple. Puis, il eut la hardiesse de dénoncer publiquement les abus de toutes sortes, alors si communs : l'hérésie, les doctrines pernicieuses, les mauvais livres, le luxe, les exactions des agents du fisc, la distribution arbitraire des bénéfices ecclésiastiques.

Il conjura la reine de faire cesser tous ces désordres, de pourvoir à son salut et à celui du jeune roi : Tous les assistants admirèrent la sainte audace du prédicateur, que la reine écouta religieusement. Elle voulut ensuite accompagner à pied, avec toute sa cour, la procession, qui se rendit au séminaire de Saint-Sulpice.

Dans la cour du séminaire s'élevait un splendide reposoir, autour duquel plus de cinq cents ecclésiastiques en chape vinrent se ranger. Le P. Eudes en ayant gravi les degrés, déposa le Saint-Sacrement sur l'autel. Puis, transporté à la vue d'une si belle et si nombreuse assistance, et faisant allusion à l'entrée solennelle que Louis XIV venait de faire à Paris, après son mariage, il s'écria : « Vous tous, qui, ces jours derniers, répétiez si bien : *Vive le roi!* devant un prince de la terre, ne pouvez-vous rendre le même hommage au Roi des cieux, en criant avec moi : *Vive* Jésus! » Il avait à peine achevé ces mots, que le cri de *Vive* Jésus! s'échappe de toutes les bouches et de tous les cœurs, répété avec enthousiasme par cette multitude électrisée.

Nous ne pouvons continuer à passer ainsi en revue quantité d'autres missions présidées encore par ce saint apôtre. Nous les résumerons par ces simples lignes d'un savant religieux Bénédictin, le P. Duplessis, au sujet de la mission de Meaux : « Le P. Eudes, missionnaire célèbre, y parut en

1664, avec une douzaine de ses ecclésiastiques. Il prêchait tous les jours à la cathédrale et faisait le catéchisme deux fois par jour dans l'église de Saint-Christophe. Ses exhortations produisirent un grand fruit, et en peu de temps il se fit des restitutions considérables, soit en argent, soit en meubles, soit même en fonds de terre. Il se convertit beaucoup d'hérétiques. On lui remit aussi une quantité de romans et de peintures lascives, qu'il jeta dans un grand brasier allumé sur le milieu de la place, vis-à-vis le grand portail de la cathédrale. »

En l'année 1673, il eut de nouveau l'occasion de parler pendant quinze jours devant la Cour, à Saint-Germain-en-Laye, et ce fut avec un grand succès, puisque lui-même écrivit dans une lettre du 2 avril : « On dit que le roi et la reine sont très contents. »

C'est à Saint-Lô que le P. Eudes âgé de soixante-quatorze ans, prêcha sa dernière mission. On y vint de cinq et six lieues à la ronde, bien que ce fût en hiver. Il fut, malgré son grand âge, obligé de parler presque tous les jours sur la place publique. Il y eut un tel concours que vingt ouvriers n'y purent suffire. L'évêque, Mgr Loménie de Brienne, assista lui-même aux exercices pendant toute une semaine. On ne saurait dire quel fut le nombre des restitutions opérées, des mauvais livres brûlés, des impies ramenés à une vie meilleure. Le Père Eudes rapporte dans son mémorial qu'il y convertit douze huguenots.

C'est ainsi que, dans l'espace d'une quarantaine d'années, le saint prêtre donna plus de cent grandes missions, sans parler d'une foule d'autres prédications. A la vue de tous ces travaux apostoliques, ne pourrions-nous pas affirmer déjà que ses années furent bien remplies. Pourtant nous n'avons encore rien dit de tant d'autres œuvres, dont il s'occupait en même temps, avec le même zèle et un égal succès.

CHAPITRE III.

RIEN ne fait mieux ressortir la puissance et la sagesse de Dieu dans la conduite de son Église, que les secours qu'il lui apporte tout à coup, quand il semble l'avoir délaissée, et l'heureuse direction qu'il lui donne au sein des écueils, au milieu des tempêtes. Mais à aucune époque la main du divin Pilote n'a été plus sensible qu'au XVIIe siècle.

L'Église de France, déchirée par les récentes guerres civiles et par l'hérésie de Calvin, semblait devoir périr, quand Dieu suscita, pour la sauver du naufrage, les saint François de Sales, les de Condren, les saint Vincent de Paul, les Olier, les Eudes, les Bourdoise.

A n'envisager les choses qu'au point de vue humain, on eût pu croire que c'en était fait de la religion catholique. La plupart des prêtres, sans respect pour la discipline, sans zèle et sans souci de leur dignité, avilissaient leur caractère sacré et laissaient les peuples dans l'ignorance la plus grossière : « Le clergé, nous dit le Père Costil, vivait dans une oisiveté criminelle, ne gardant aucune règle de bienséance dans son extérieur, s'habillant comme les séculiers, travaillant et trafiquant indifféremment avec eux, lorsqu'il était pauvre; consumant en jeux, en festins et en autres vanités le revenu des bénéfices, quand il était riche et de naissance. » En voyant de nos jours la régularité, le désintéressement, la soumission, le dévouement du clergé, nous ne nous figurons qu'avec peine l'indifférence, la cupidité et les scandales de cette triste époque.

Il devait en être ainsi ; c'était la conséquence naturelle des troubles politiques et religieux que nous venons de signaler, mais surtout du défaut de formation pour le clergé. Ceux qui se préparaient à l'état ecclésiastique s'en allaient loger à leur fantaisie dans une ville, pour y suivre les cours de l'Université, et c'est à peine si, quelques jours avant l'ordination, ils se préparaient à la réception des saints ordres par une courte retraite.

Le P. Eudes gémissant d'un pareil état de choses, ne voyait qu'un moyen d'opérer la régénération religieuse et sociale, l'établissement des séminaires. C'était du reste le désir exprimé par le concile de Trente, par l'assemblée du clergé de France de 1625, et par le dernier concile provincial de Rouen.

Monsieur de Bérulle, en créant la congrégation de l'Oratoire, avait eu lui-même en vue la fondation de séminaires pour les jeunes ecclésiastiques. Mais les Oratoriens s'étaient lancés dans une voie différente et avaient préféré l'œuvre des collèges. Le Père Eudes en souffrait et faisait auprès de ses confrères d'inutiles instances pour la création de quelques séminaires.

Sur ces entrefaites il fut mandé par le cardinal de Richelieu, qu'il alla trouver après la mission à Saint-Lô, 1642. Ce profond politique lui représenta qu'il était urgent de travailler à la réforme du clergé et qu'il comptait sur lui. L'appui d'un si grand homme parut au Père Eudes un nouvel encouragement de la part de la divine Providence. Cependant il ne voulut rien décider qu' après avoir pris conseil de doctes et saints personnages. Tous l'encouragèrent dans son dessein et le pressèrent de suivre l'appel de Dieu.

« C'est un miracle que ce que vous me mandez, lui répondit Mgr de Cospéan, évêque de Lisieux, c'est une chose digne des apôtres mêmes : douter après cela si Dieu est avec vous, et s'il conduit votre dessein, ce serait une extravagance. »

Le P. Eudes se décida donc à quitter l'Institut de l'Oratoire, auquel il n'était lié par aucun vœu, et à fonder un grand séminaire à Caen.

L'évêque de Bayeux, Mgr d'Angennes, se chargea lui-même d'obtenir du Roi des lettres patentes. Le séminaire fut établi, les ordinands y vinrent étudier leur vocation et les devoirs qu'elle impose, les prêtres se recueillir et prier Dieu. Dès 1658, le

P. Eudes eut le bonheur de présenter trois cent cinquante ordinands à son nouvel évêque Mgr Servien.

Ce séminaire était le quatrième fondé en France (1), et le premier établi en province ; les trois premiers avaient été fondés à Paris, en 1642 : celui de *Vaugirard*, depuis séminaire de *Saint-Sulpice*, par M. Olier, celui des *Bons-Enfants*, par saint Vincent de Paul, et le séminaire de *Saint-Magloire*.

Pour le P. Eudes, l'œuvre des séminaires était bien supérieure à toute autre, même à celle des missions : « C'est là, disait-il, ce qu'on appelle sauver les sauveurs, diriger les directeurs, enseigner les docteurs, paître les pasteurs, éclairer ceux qui sont la lumière du monde, sanctifier ceux qui sont la sanctification de l'Église, et faire, dans sa hiérarchie, ce que les Séraphins et les Chérubins font dans le ciel. »

La maison occupée par les premiers Eudistes à Caen ne leur appartenait pas ; ils la firent acheter en 1649 et ils l'habitèrent jusqu'en 1703. Mais de bonne heure le P. Eudes la trouvant insuffisante résolut de construire un vaste séminaire.

---

1. La première idée des séminaires appartient à Charles Godefroy, curé de Cretteville, au diocèse de Coutances. Il présenta à l'Assemblée du clergé, en 1625, un traité sur la nécessité des séminaires, intitulé le *Collège des Saints-Exercices*. Le P. Costil en donne un résumé au chap. II du Livr. II des Annales. Le Cardinal de Richelieu et les évêques en furent frappés et ne songèrent plus qu'à réaliser ce projet.

Aucun emplacement ne lui parut plus favorable que la Place Royale, dont un des côtés était encore inoccupé. Le terrain fut acheté en 1658, avec engagement d'entreprendre l'édifice dans six ans au plus tard. Il fallut donc se mettre à l'œuvre en 1664, et ce fut par l'église que le pieux serviteur de Dieu tint à commencer. Il ne devait pas en voir la dédicace, qui n'eut lieu qu'en 1687. Cette belle église et le séminaire des Eudistes, qui pouvait loger au moins quatre cents ordinands, sont devenus, en 1792, l'hôtel-de-ville, et demeurent l'ornement de cette place, dont la ville de Caen est toujours fière.

Ayant ensuite obtenu de Mgr Harlay, archevêque de Rouen, l'autorisation d'établir des séminaires dans toute la province de Normandie, il fut heureux de pouvoir travailler, pendant le reste de sa vie, à une œuvre, « qui, disait-il, est préférable à tout ce que l'on peut faire au dehors ». Sans négliger les missions, il profita de toutes les circonstances favorables pour de nouvelles fondations.

En l'année 1650, Mgr Auvry, évêque de Coutances, désirant former un clergé pieux et instruit, conçut le projet d'établir un séminaire dans sa ville épiscopale. Ce fut naturellement au P. Eudes qu'il voulut en confier l'exécution.

Il faut lire, dans les Annales du P. Costil, le récit de trois faits extraordinaires arrivés pendant cette construction. C'est un manœuvre qui reçoit sur la

Le Séminaire de Caen ; (aujourd'hui Hôtel-de-Ville.)

tête une énorme pierre tombant de fort haut, et qui
s'en guérit en peu de temps, à l'étonnement de tous.
C'est ensuite un bateau d'ardoises, destinées au
séminaire, que des corsaires épargnent, tandis qu'ils
s'emparent d'un autre bâtiment de même marchan-
dise, voyageant avec lui, mais pour un commerçant.
C'est enfin un bon Frère, qui tombe la tête sur des
pierres, d'une hauteur de vingt-cinq pieds et qui,
pendant qu'on l'administrait, se relève, « sans bles-
sure, ni meurtrissure, étant quitte pour l'aiguillette
de son haut-de-chausse ».

Mais c'était surtout à l'édifice spirituel que le
P. Eudes apportait tous ses soins. Aussi s'empressa-
t-il de tracer, pour la conduite du séminaire, les
règles les plus sages, et d'y établir un préfet, pour
veiller sur les ordinands, pour diriger tous les exercices et donner une marche régulière à la maison.
La piété et la modestie qui y régnèrent bientôt,
devinrent pour tous un sujet d'édification.

En l'année 1653, le P. Eudes fut prié par Mgr de
Matignon, de fonder à Lisieux un séminaire, et d'y
accepter en même temps la direction du collège. Il
s'empressa d'obéir et il y fut accueilli avec la joie la
plus vive : « On vît ici, dit le P. Costil, ce dont on
avait été témoin à Coutances, je veux dire la joie
que toute la ville avait de ce nouvel établissement.
Chacun se faisant un mérite d'y aider, les uns
en donnant de l'argent, d'autres des provisions,

quelques-uns des meubles ou ustensiles, dont ils savaient qu'on ne pouvait se passer.

« Mais il faut avouer que les R.R. MM. Ursulines l'emportèrent en cette occasion sur toutes les autres personnes de la ville, par leur charité pour nos Pères, leur prêtant des lits, des matelas, etc., ce qu'elles ont continué depuis. »

L'historien ajoute qu'on eut de la peine tout d'abord à accoutumer la jeunesse de Lisieux à la règle du collège et à la fréquentation des sacrements. Mais peu à peu elle y prit goût, surtout quand on eut érigé une congrégation de la Sainte-Vierge.

L'évêque de Lisieux, pour témoigner aux directeurs du séminaire et du collège toute sa reconnaissance, leur donna les pouvoirs les plus étendus pour la confession, non seulement dans leur chapelle, mais dans tout le diocèse.

Mgr Harlay, archevêque de Rouen, voulut aussi (1656) élever un grand séminaire et en conféra avec le P. Eudes. Aussitôt le chapitre de la cathédrale et un grand nombre de curés du diocèse, poussés par les ennemis du serviteur de Dieu, cherchèrent à s'y opposer. Mais le digne prélat tint ferme et hâta la fondation. Nous voyons par les deux lettres suivantes qu'il eut tout lieu de s'en applaudir.

« Nous avons eu, écrivit le P. Eudes en 1660 à un de ses confrères, une grande satisfaction de nos ordinands, qui étaient au nombre de cent vingt. Ils

ont montré tant de modestie, de piété, de recueillement, en allant et revenant, et durant le temps de
l'ordination, qu'on n'en peut voir davantage dans
les religieux les plus mortifiés. » Il écrivait encore,
en 1662 : « Monseigneur l'archevêque publie partout
les fruits du séminaire de Rouen. Il a été édifié de
la modestie et de la piété qui paraissaient visible-
ment sur les visages de ceux à qui il a conféré les
saints Ordres. Oh ! que ce travail est agréable à
Notre-Seigneur et à sa très sainte Mère ! Que les
avantages pour l'Église en sont merveilleux ! Combien d'âmes seront sauvées par ce moyen ! Quelles
obligations nous avons à la divine bonté de nous
avoir choisis, très indignes que nous sommes, pour
un si saint emploi, qui est le plus nécessaire, le plus
digne et le plus fructueux de tous les emplois qui
sont dans l'Église de Dieu. »

En l'année 1666, ce fut Mgr de Maupas, évêque
d'Évreux, qui à son tour pria le P. Eudes, terminant une mission dans cette ville, d'y prendre la
direction du séminaire qu'il allait y établir.

Des lettres d'institution lui furent données, et
déjà l'œuvre portait ses fruits, quand le chapitre
d'Évreux vint aussi susciter mille tracasseries et
s'élever contre la donation faite par l'évêque.

Les termes par lesquels le prélat voulut, en 1674,
confirmer cette donation, sont trop remarquables
pour que nous les passions entièrement sous silence :

« Nous déclarons par ces présentes, disait-il, qu'étant très satisfait du respect et de la soumission des dits prêtres à l'autorité épiscopale, de leur service, de leur assiduité pour les fonctions du séminaire, de leur zèle pour le salut des âmes de notre diocèse et du bon exemple de leur vie et de leurs mœurs, nous ne pouvons ni ne voulons en choisir d'autres que ces mêmes, que nous avons choisis dès le commencement, auxquels nous avons donné et donnons de rechef par ces présentes, la direction de notre dit séminaire. »

La fondation du séminaire de Rennes, en 1670, à la suite de la mission prêchée par le P. Eudes, n'éprouva pas les mêmes oppositions. Les curés de Rennes, au contraire, désireux du bien des ordinands, dont ils avaient pris soin eux-mêmes jusque-là, virent avec joie créer une maison, qui leur serait spécialement affectée. De leur côté les habitants de cette ville, animés des mêmes sentiments et satisfaits de la mission, s'empressèrent de pourvoir à tous les besoins du nouvel établissement.

Ainsi le P. Eudes créa de son vivant six séminaires, qui devinrent de plus en plus florissants. En 1792, les Eudistes dirigeaient ou possédaient douze grands et cinq petits séminaires ([1]).

---

1. Les grands séminaires étaient ceux de Caen, de Coutances, de Lisieux, de Valognes, de Rouen, d'Evreux, d'Avranches, de Rennes, de Blois, de Dol, de Senlis, de Séez.

Les petits séminaires étaient ceux de Rouen, de Rennes, de la Garlière et de Domfront, auxquels il faut joindre le collège de Lisieux.

Ils avaient en outre dans la rue des Postes à
Paris, une maison où résidaient les jeunes Eudistes
suivant les cours des facultés, et où l'on recevait, à
titre de pensionnaires, les prêtres qui aimaient la vie
commune, ou ceux qui venaient pour un temps s'y
retremper dans la retraite.

CHAPITRE IV.

Institut de Notre-Dame de Charité.

1641-1887

IL y avait dix ans que le P. Eudes s'appliquait au ministère de la prédication, et que, par ses paroles toutes de feu, il retirait du libertinage des âmes souillées et vendues à l'iniquité. Mais ce n'était pas assez de les retirer du vice, il fallait les préserver d'une rechute. On voit en effet trop souvent la misère, les habitudes prises, les occasions plonger ces pauvres créatures dans un nouvel abîme, quand elles demeurent abandonnées, sans appui, sans encouragement et sans ressources. Le P. Eudes cherchait donc le moyen d'assurer leur persévérance, et déjà il avait réussi à trouver pour plusieurs d'entre elles une position honorable et sûre.

Il fut secondé quelque temps par une pauvre femme, appelée Madeleine Lamy, qui reçut chez elle ou plaça dans de bonnes familles ces âmes arrachées à la débauche. Mais que pouvait pour une si grande et si difficile entreprise le dévouement d'une personne seule et sans fortune?

Le P. Eudes, après avoir beaucoup prié et consulté, crut qu'il fallait réunir toutes ces converties de la veille et les confier à des directrices pieuses et zélées.

En 1641, des personnes charitables et dévouées consentirent à s'occuper, à Caen, des pauvres repenties, et à s'enfermer avec elles pour les maintenir dans la pratique du bien. Il appela cette maison, dont il n'avait point l'intention de faire un institut religieux, *Notre-Dame du Refuge*.

Les premiers mois, tout y marchait à merveille, et le P. Eudes, dans ses missions, n'en recevant que de bonnes nouvelles, n'avait à donner que des félicitations et des encouragements. Pourtant l'œuvre était trop sainte et trop riche en espérances, pour n'être pas traversée de mille manières. Des libertins déçus prétendirent qu'ils feraient fermer un établissement non autorisé par lettres du Roi. Cette attaque ne fit que consolider l'œuvre naissante, car le P. Eudes, profitant de son entrevue avec le cardinal de Richelieu, demanda et obtint facilement ces lettres.

Alors le démon se tourna d'un autre côté et souffla au cœur des maîtresses la division et la jalousie. Il fit si bien qu'elles abandonnèrent tout à coup la maison, n'y laissant pour tout mobilier que les Pénitentes. Seule des gouvernantes, Mademoiselle de Taillefer demeura, avec une nièce du P. Eudes, Marie Herson, âgée seulement de douze ans.

Le pieux Instituteur comprit que l'inconstance

du sexe et la difficulté de l'œuvre demandaient une communauté liée par des vœux. Il jeta donc les yeux sur le monastère de la Visitation auquel il demanda un secours momentané. Mgr d'Angennes y consentit ; trois religieuses lui furent accordées en 1644, entre lesquelles la M. Patin, âgée de quarante-quatre ans. Cette nouvelle supérieure, par sa fermeté et sa douceur, calma bientôt l'effervescence qu'avaient occasionnée les récents départs, et remit tout dans l'ordre.

A cette époque la communauté, nommée jusque-là Notre-Dame du Refuge, prit le titre de *Notre-Dame de Charité*. Ce titre convenait au but que l'institut poursuit : l'exercice héroïque de la charité à l'égard de pauvres âmes malades et couvertes d'une lèpre plus hideuse que celle du corps. Quel dévouement, en effet, quelle industrie ne faut-il pas pour gouverner ces esprits dévoyés et rendre la paix à ces cœurs flétris ! Quelle patience pour supporter des caractères aigris, des imaginations surexcitées, et pour amener insensiblement à l'amour de Dieu et à la pratique des plus solides vertus, ces natures viciées que travaillent sans cesse les mauvais penchants et le souvenir du passé !

Le P. Eudes n'ignorait pas la difficulté de la tâche. Il savait qu'il est plus facile de lancer les pénitentes dans la bonne voie que de les y maintenir. Aussi voulut-il que les religieuses de Notre-

Dame de Charité fussent, par la solidité de leurs vertus, propres à une vocation si belle et si pénible. Pour leur en faciliter l'acquisition et la pratique, il leur donna une règle pleine de sagesse, où tout est prévu, ordonné jusque dans les moindres détails, et où rien n'est abandonné aux caprices ou aux interprétations particulières.

Pour une si sainte mission, la blancheur des vêtements, symbole de la pureté de l'âme, pouvait seule convenir. D'ailleurs cette robe blanche, qui peint l'innocence conservée de celles qui la portent, est pour les pénitentes la plus éloquente prédication, et leur redit sans cesse où elles auraient dû toujours chercher le bonheur et la paix. Un cœur d'argent brillant sur la poitrine des religieuses montre à qui elles ont donné leur affection et indique qu'elles sont les filles du Cœur de Marie. Enfin une petite croix bleue, cachée sous leurs vêtements, les avertit qu'elles doivent aimer la croix et qu'elles ne sauraient s'y soustraire.

Le pieux Instituteur voulut soumettre ses religieuses à la règle de Saint-Augustin, comme celles de la Visitation. Mais aux trois vœux ordinaires de pauvreté, de chasteté et d'obéissance, il ajouta celui de travailler à la conversion des filles ou des femmes qui sont tombées dans le désordre.

Bientôt sous l'habile direction de la M. Patin, Mlle de Taillefer fut en état de prendre l'habit de l'Institut, et reçut le nom de Marie de l'Assomption. Elle fut donc la première religieuse de l'ordre (1645), et elle en devint bientôt le plus ferme appui.

En effet la M. Patin ayant été élue supérieure de la Visitation, en 1647, quitta Notre-Dame de Charité. Deux ans plus tard, ses sœurs découragées par des oppositions et des épreuves de tous les jours, abandonnèrent une œuvre, qui leur paraissait insoutenable. Alors Mlle de Taillefer, qui n'avait encore que le voile blanc, décidée à persévérer jusqu'au bout, dirigea la communauté avec une rare sagesse.

L'évêché de Bayeux était occupé par Mgr Molé, prélat peu favorable au P. Eudes et à ses œuvres, qui refusa longtemps pour Notre-Dame-de-Charité des lettres d'institution. Sollicitations, prières, démarches de toute nature avaient toujours échoué devant les préventions de l'évêque, quand spontanément il approuva l'institut par un acte rédigé et signé en 1651, le 8 février, jour où les enfants du P. Eudes célèbrent la fête du Sacré Cœur de Marie.

Cet événement, qui semblait tenir du miracle par son imprévu et par sa coïncidence avec la fête principale de la communauté, releva les courages abattus et combla de joie le P. Eudes, d'ailleurs si éprouvé, comme la suite nous l'apprendra.

Une nouvelle consolation l'attendait encore, car la M. Patin fut providentiellement ramenée dans cette petite communauté, à laquelle elle avait déjà

La Mère Marie de la Nativité Herson, Religieuse de
N.-D. de Charité, nièce du V. P. Eudes.

rendu tant de services. Elle fit aussitôt prendre l'habit religieux à la nièce du P. Eudes, Marie Herson, qui fut nommée sœur Marie de la Nativité, admit à la profession (1653) la sœur de Taillefer, dite de l'Assomption, et affermit dans leur vocation un grand nombre de postulantes.

Une personne de distinction, appartenant à une des plus nobles familles du pays, Mme de Bois-David, après avoir perdu son mari, capitaine aux gardes françaises, et plusieurs de ses enfants, voulut, à l'exemple de Mme de Chantal, se consacrer à Dieu. Quittant le monde, à l'âge de trente-six ans, elle vint offrir sa personne et sa fortune à la nouvelle communauté (1657). Jamais on ne vit novice plus fervente, plus détachée des biens de ce monde, plus soumise à la volonté de ses supérieurs et à la règle. Admise à la profession, elle semblait devoir être une des colonnes de l'Institut ; mais la Providence, qui voulait encore éprouver la communauté naissante, l'enleva après de longues souffrances, au mois de janvier 1660.

Le P. Eudes ne cessait, dans ces tristes circonstances, de soutenir et d'encourager ses filles bien-aimées, et pour les assurer qu'elles étaient bien dans l'ordre voulu de Dieu, il entreprit de faire approuver son Institut par le Saint-Siège.

Dans ce but il envoya à Rome M. Boniface, prêtre flamand, qui savait l'italien et qu'il avait rencontré plusieurs fois à Paris. Ce fut pour lui une occasion de grandes dépenses, car M. Boniface passa inutilement deux années en Italie. A toutes les instances il fut répondu que l'Institut était trop récent, et qu'il y avait un trop grand danger de perversion pour des religieuses à communiquer avec des personnes corrompues.

Cependant deux années plus tard le célèbre M. de Rancé, abbé et réformateur de la Trappe, M. Georges, abbé et réformateur du Val-Richer, et le cardinal de Retz, réunissant leurs efforts, obtinrent du pape Alexandre VII l'approbation si vivement désirée, et réclamée du ciel par tant de prières et de mortifications. La bulle approuvant le nouvel Institut est du 2 janvier 1666.

La Communauté comptait alors seize religieuses professes, qui toutes ratifièrent leur sacrifice par un vœu solennel. En cette circonstance le P. Eudes, dont le cœur débordait de joie, adressa des paroles émues et pleines d'onction à toutes ces sœurs, qui prononcèrent leurs vœux en présence de Mgr de Nesmond, évêque de Bayeux.

Dès lors le saint instituteur, avec l'aide de la M. Patin, se mit à rédiger les règles et les constitutions du nouvel Ordre. Elles n'étaient pas encore achevées (¹), quand mourut la M. Patin âgée de soixante-huit ans.

---

1. La révision du *Cérémonial*, du *Directoire* et du *Coutumier* ne fut terminée qu'en 1670, sous la supériorité de la M. Marie de la Nativité Herson, nièce du P. Eudes.

La même année 1668, était morte la sœur Marie de l'Assomption de Taillefer, dont la persévérance et la fermeté avaient soutenu l'œuvre dans les moments les plus critiques.

La M. Marie du Saint-Sacrement fut élue pour succéder à la M. Patin. A partir de ce moment l'Institut, plein de sève et fortement enraciné, put se suffire, sans avoir recours à l'Ordre de la Visitation. Semblable à un arbre longtemps éprouvé par des hivers rigoureux et secoué par de violentes tempêtes, il parut, quand vint le calme, animé d'une vigueur nouvelle, et bientôt étendit au loin ses branches. Ne pouvant l'étudier dans toutes ses ramifications, nous n'allons qu'y jeter un coup d'œil rapide.

Son premier rejeton fut la maison de Rennes.

En 1666, il y avait dans cette ville une petite communauté, composée de quelques pénitentes, sous la direction de Mlle Ménard. Des religieuses furent demandées à Caen, pour lui venir en aide, et la M. Patin engagea Mlle Heurtaut, novice qu'on n'avait pas encore admise à la profession, à se rendre à Rennes. Elle s'y rendit en effet et reçut de Mlle Ménard le gouvernement de la maison. Mlle Heurtaut y introduisit les règlements de la communauté de Caen, et dirigea cet établissement de Rennes avec un rare talent. Elle y fit profession et reçut le nom de sœur de la Trinité, sous lequel elle devint célèbre dans tout le pays, en attendant qu'elle le fût dans la Bretagne entière. Un grand nombre de faits extraordinaires firent voir qu'elle mettait en Dieu toute sa confiance et qu'elle n'était point frustrée dans son attente.

Un jour, racontent les Annales du monastère de Rennes, la communauté ne possédait plus que trente sous; la sœur de la Trinité venait de les donner à trois pauvres, au grand désespoir de l'économe, à qui il ne restait plus rien pour le souper, quand un inconnu vint spontanément lui apporter cent francs, en l'engageant à se confier en Dieu.

Une autre fois la sœur de la Trinité ayant été prévenue que le vin de Messe manquait, descendit à la cave, jeta de l'eau bénite et fit un signe de croix sur la barrique, qui fournit du vin toute l'année, mais qui tarit dès qu'on en eut acheté une nouvelle.

Cependant sur les instances de la sœur de la Trinité-Heurtaut et de Mgr de la Vieuville, la communauté de Caen finit par envoyer à Rennes, en 1673, deux de ses meilleurs sujets. La sœur de la Trinité fit aussitôt ses vœux solennels ; ses quatre compagnes furent admises à commencer leur noviciat, et la maison fut fondée.

En 1675, Mme la Présidente de Brie demanda la création d'un monastère à Hennebont au diocèse de Vannes, et donna dans ce but une belle maison et une métairie. Mais cet établissement fut détruit (1687), sous prétexte qu'il n'avait point reçu de lettres patentes.

En 1676, fut aussi fondé le monastère de Guingamp, qui prit, sous l'habile direction de la M. de la Trinité-Heurtaut, un développement considérable, et qui put bientôt fournir des sujets pour trois nouvelles maisons. En moins de deux ans, en effet, dix-sept novices y prirent le voile, et parmi elles plusieurs jeunes filles de noble naissance.

Dès le jour de son arrivée à Guingamp, la M. de la Trinité-Heurtaut, s'entretenant avec Mme des Arcis, lui nomma plusieurs familles, dont elle voulait avoir des religieuses : « Les enfants sont si jeunes, répondit cette dame, qu'on ne saurait rien prévoir. — Quelque jeunes qu'elles soient, répliqua cette bonne Mère, elles seront religieuses avant vous, et vous serez leur compagne de noviciat. » La suite réalisa cette prédiction d'autant plus surprenante que Mme des Arcis possédait encore son mari.

Ainsi le P. Eudes eut la consolation de voir les quatre monastères, dont nous venons de parler.

Après sa mort, sur la demande de M. de Kerlivio, grand vicaire de l'évêque de Vannes, une maison fut érigée dans cette ville. La M. de la Trinité-Heurtaut dut aller la soutenir dans diverses épreuves.

Après s'être encore signalée à Vannes par sa sainteté et par son esprit prophétique, elle y mourut en 1709, à l'âge de soixante-quinze ans.

Deux nouveaux établissements furent fondés, quelques années plus tard, l'un à Tours (1714), pour lequel on fit venir des religieuses de Guingamp; l'autre à la Rochelle (1715), avec le concours personnel des religieuses de Vannes, et l'assistance pécuniaire de Mme Desconhel, qui le dota de trente mille livres.

En 1720, le cardinal de Noailles appela à Paris, des religieuses de Guingamp, pour rétablir l'ordre dans la communauté des Madelonnettes. Elles y séjournèrent quatorze ans et réformèrent non sans peine beaucoup d'abus.

En même temps elles achetèrent (1724), une maison, rue des Postes, dans laquelle elles achevèrent de s'établir en 1734, pour y rester jusqu'à la Révolution.

L'Institut de Notre-Dame de Charité se développait donc rapidement. Quand arriva la tourmente révolutionnaire, il comptait sept maisons florissantes. Il fut renversé et vit disperser ses branches; mais ses racines profondes et vivaces ne périrent pas. A peine l'ouragan avait-il passé, qu'elles poussèrent des rejetons plus vigoureux que jamais.

Nous ne saurions raconter ici tout ce que ces bonnes religieuses eurent à souffrir dans ces temps malheureux, et les exemples de foi et de dévouement qu'elles donnèrent.

Qu'il nous suffise de mentionner quelques-unes des persécutions dont la première maison de l'Ordre, celle de Caen, fut victime.

Dès 1792, les commissaires du district, feignant de voir dans les pénitentes d'infortunées créatures privées de leur liberté, se posèrent en libérateurs et les engagèrent à rentrer dans le monde. Toutes, au nombre de plus de cinquante, dirent qu'elles ne quitteraient point cet asile de paix et de charité.

L'année suivante, les religieuses à leur tour furent mises à l'épreuve et sommées de prêter serment à la Constitution de l'État. Elles s'y refusèrent et furent chassées de leur monastère. Il leur fallut chercher asile où elles purent.

La supérieure, aidée d'une jeune sœur, Marie de Sainte-Dosithée Bourdon, loua un appartement, dans un troisième étage et recueillit les religieuses infirmes. Bientôt poursuivies jusque dans cet humble réduit, elles furent contraintes de se retirer en dehors de la ville, et de coucher sur la paille, dans un grenier de ferme.

La persécution s'étant ralentie, les Sœurs revinrent à Caen. Mais, sur une dénonciation, la supérieure fut incarcérée avec une autre religieuse. Sœur Marie de Sainte-Dosithée Bourdon, restée seule avec toutes les infirmes, et ne pouvant plus

les nourrir dans un temps de disette, prit une résolution extrême. Elle fit monter toutes ces vieilles
religieuses sur une charrette, et les conduisit à la
municipalité : — « Voici, dit-elle aux municipaux,
des Sœurs infirmes, que je vous amène ; vous m'avez
enlevé celles qui m'aidaient à les nourrir ; je ne puis
plus les soigner seule ni gagner leur pain. — Eh
bien! nous allons les emprisonner, répondirent-ils. —
Faites-le, citoyens, repartit la Sœur ; du moins vous
nourrirez tout ce monde. » Les municipaux embar-
rassés préférèrent mettre les deux autres religieuses
en liberté.

Ce fut ainsi qu'à travers de continuelles tribula-
tions la communauté de Caen passa péniblement
la période révolutionnaire, après laquelle elle se
reconstitua peu à peu. En 1808 ces religieuses, au
nombre de vingt-neuf, rentrèrent dans leur ancien
monastère, dont la chapelle et une partie des vieux
bâtiments sont encore debout.

Les autres maisons de l'Institut, après avoir été
dispersées et avoir subi des épreuves de tout genre,
se reconstituèrent également, à l'exception de celle
de Vannes.

Les membres survivants de la maison de Guingamp se réunirent dans la ville de Saint-Brieuc et y
formèrent l'importante communauté, connue sous le
nom de Montbareil.

Ces six premières fondations ont vu depuis

s'élever vingt autres monastères, en France, en Espagne, en Italie, en Angleterre et en Amérique ([1]).

Mais l'ordre si florissant de Notre-Dame de Charité du Refuge a donné naissance à un tronc vigoureux, le Bon-Pasteur-d'Angers, rameau détaché, il est vrai, du premier Institut, mais plein de la même sève, vivant de la même vie et reconnaissant toujours le P. Eudes pour son Fondateur.

En 1829, l'évêque d'Angers, Mgr Montault-des-Iles, pria la supérieure du monastère de Tours, la M. Marie de Sainte-Euphrasie Lepelletier, de venir créer à Angers une maison pour des pénitentes. Avant la Révolution, il en existait déjà une, dite du Bon-Pasteur, dans la rue Saint-Nicolas. La Mère Sainte-Euphrasie vint s'établir dans une vieille manufacture sur les bords de la Maine. Mais bientôt réclamée par le monastère de Tours, elle y alla finir son temps de supériorité et ne revint à Angers qu'en 1831.

La maison d'Angers prit un accroissement rapide sous la sage direction de la Mère Marie de Sainte-Euphrasie Lepelletier, qui envoya bientôt des religieuses à Poitiers, à Grenoble et à Metz.

---

1. Versailles (1804) ; Nantes (1809) ; Lyon (1811) ; Valence (1819) ; Toulouse (1822) ; Le Mans (1833) ; Blois (1836) ; Montauban (1836) ; Marseille (1838) ; Besançon (1839) ; Dublin (Irlande, 1853) ; Buffalo (États-Unis de l'Amérique septentrionale, 1855) ; Lorette (Italie, 1856) ; Bilbao (Espagne, 1857) ; Bartestrée (Angleterre, 1863) ; Marseille (2e maison, sortie de la 1re, 1864) ; Ottawa (Canada, 1856) ; Valognes (1868) ; Allegheny (Pensylvanie, 1872) ; Toronto (Canada, 1875).

Elle conçut le projet de développer encore davantage l'œuvre du P. Eudes, pour lequel elle avait une profonde vénération, en créant un généralat, duquel relèveraient toutes les futures colonies. Elle s'en ouvrit à l'évêque d'Angers, qui entra dans ses vues et adressa dans ce sens une supplique à Rome.

La Cour romaine agréa la supplique, et il fut réglé par un bref de 1835:

1º Que la maison d'Angers, et toutes les autres maisons fondées par elle, observeraient les règles établies par le P. Eudes et approuvées par le Saint-Siège;

2º Qu'il y aurait, pour toutes ces maisons, une supérieure générale.

C'est sur ce dernier point que les Religieuses de Notre-Dame de Charité du Bon Pasteur se sont séparées de celles de Notre-Dame de Charité du Refuge. Cependant la Mère Marie de Sainte-Euphrasie ne permit jamais qu'on l'appelât fondatrice, disant qu'elle n'avait point établi un Ordre nouveau, mais qu'elle cherchait uniquement à développer l'œuvre du Vénérable fondateur, le père Eudes. Tels sont aussi les sentiments qu'elle a légués à ses saintes filles, qui joignent leurs sollicitations, leurs prières et leurs aumônes à celles des autres enfants du Vénérable P. Eudes, pour hâter sa béatification.

De la maison principale d'Angers dépendent actuellement trente-six monastères en France et cent-vingt à l'étranger (1).

1. L'Ordre de Notre-Dame de Charité du Bon Pasteur se compose donc présentement de cent cinquante-sept monastères ainsi répartis :

France 37 ; — Étranger 120, dont : Allemagne 12 ; Italie 16 ; Belgique 5 ; Iles Britanniques 12 ; Égypte 3 ; Amérique 52 ; Autriche 4 ; Indes Orientales 4 ; Ile de Malte 1 ; Hollande 3 ; Australie 2 ; Birmanie 1 ; Suisse 1 ; Espagne 1 ; Portugal 2 ; Océanie 1.

CHAPITRE V.

1643 — 1887

NOUS avons vu comment le P. Eudes, après avoir beaucoup prié et pris l'avis d'amis pieux et expérimentés, avait quitté l'Oratoire, pour s'occuper de l'œuvre des séminaires. Mais pour une pareille entreprise il lui fallait des collaborateurs; il songea donc à ériger une Congrégation.

Muni de l'approbation de Mgr d'Angennes, son évêque, il réunit cinq compagnons, le 25 mars 1643, et, pour consacrer sa petite Société à Marie, il se rendit avec eux à pied à Notre-Dame de la Délivrande, pèlerinage fréquenté, à trois lieues de Caen.

Le jour même ils s'installèrent dans une vaste maison, qu'ils avaient louée à Caen. Ils y établirent une petite chapelle, et, à l'unanimité, reconnurent le P. Eudes pour supérieur.

Animés du même esprit de simplicité, du même désir de leur perfection, ils s'édifièrent les uns les autres par leur exactitude dans l'accomplissement de tous leurs devoirs, et, sans règles écrites, furent des modèles de ferveur et de régularité: « Leur volonté, disent les Annales de la Congrégation, était la même que celle de leur Supérieur, étant toujours prêts à faire tout ce qu'il souhaitait, par le profond respect qu'ils avaient pour sa personne, dans laquelle ils croyaient voir Jésus-Christ. Il semblait que leurs cœurs fussent réduits à un seul, ainsi que ceux des premiers disciples des Apôtres, tant ils étaient prompts à se prévenir les uns les autres. La simplicité leur était si familière, qu'on les reconnaissait partout à ses aimables traits. »

Mais au dehors, des préventions surgirent de tous côtés et menacèrent dès son berceau l'existence de cette humble Congrégation.

Le P. Eudes, qui ne la voulait que pour la gloire de Dieu, et qui savait qu'en vain les hommes édifient, si le Seigneur n'édifie lui-même, résolut de demander au Saint-Siège son approbation et son appui. Il obtint sans peine de Mgr de Matignon, évêque de Coutances, et de Mgr d'Angennes, évêque de Bayeux, des suppliques pour le pape Urbain VIII. Mais cette première démarche ne put être aussitôt couronnée de succès; la Congrégation était trop récente et n'avait encore ni règles ni constitutions écrites.

Le P. Eudes entreprit alors de rédiger les Règles, qu'il divisa en deux parties. Dans la première, dite Règle de Notre-Seigneur, sont renfermés les devoirs, et dans la seconde, dite Règle de la Sainte-Vierge, les vertus des enfants de la Congrégation, envisagés comme chrétiens et comme prêtres. Ces Règles, toutes tirées des Livres saints, forment un des meilleurs traités de la perfection chrétienne et ecclésiastique ; et, comme le dit le P. Eudes, elles portent avec elles, leur approbation et leur autorité, puisqu'elles sont extraites de la Sainte Écriture.

Elles diffèrent des statuts et constitutions, un volume in-12 de six cents pages, dont elles formaient comme les préliminaires, en ce que les Règles disent ce qu'il faut faire, tandis que les Constitutions indiquent la manière de l'exécuter. « Les Règles, nous dit le P. Eudes, commandent de vaquer à l'oraison ; et les Constitutions spécifient la quantité et la qualité des prières qu'il faut dire. Les Règles ordonnent que la propriété soit bannie et que tout soit en commun, et les Constitutions enseignent en quelle manière cela se doit pratiquer. » Le pieux fondateur présenta ensuite cette première ébauche des Règles et des Constitutions à l'évêque de Lisieux, Mgr de Cospéan, qui s'empressa de les approuver.

Elles statuent que la Congrégation de JÉSUS et Marie est un corps ecclésiastique, dont les membres ne feront aucun vœu, mais seront unis par les liens de la charité ; qu'elle est composée de deux sortes de personnes, d'ecclésiastiques et de laïcs ou frères. Rien n'est oublié dans les constitutions ; tout y est prévu, pour les actes les plus importants comme pour les plus petites actions ordinaires. Le P. Eudes s'y révèle comme un saint consommé et un administrateur habile.

Ayant ainsi perfectionné son œuvre, le saint Instituteur essaya de nouvelles démarches à Rome. L'un de ses enfants, M. Mannoury y fit deux voyages, en 1645 et 1647, muni de lettres de recommandation de plusieurs évêques et de Louis XIV. Mais, poursuivi par les sourdes menées des Jansénistes, ses ennemis acharnés, et des Oratoriens, mécontents de le voir sorti de leur Congrégation, il ne put obtenir que des félicitations pour le nouvel Institut, sans approbation formelle.

Ce fut seulement en 1674, qu'un décret du Saint-Siège confirma les Statuts latins de la société. Nous ne saurions même dire si ce fut une approbation des Règles latines ou d'un résumé des Constitutions. Toujours est-il qu'en 1864, à la requête du R. P. Gaudaire, supérieur général, la S. Congrégation des Évêques et Réguliers approuva les Constitutions pour dix ans, et qu'en 1874, le souverain Pontife Pie IX sanctionna définitivement ce décret.

Mais revenons au P. Eudes et à ses premiers compagnons. A la mort de Mgr d'Angennes, ils virent s'élever contre eux la plus violente et la plus dangereuse tempête. Le nouvel évêque de Bayeux, Mgr Molé, fortement prévenu contre eux, résolut de les disperser et de ruiner le séminaire de Caen, berceau de la petite communauté. Il en fit donc fermer la chapelle, le 29 novembre1650, et ordonna que l'autel fût démoli.

Le P. Eudes et ses confrères se soumirent humblement à cette persécution, qui leur était si sensible, et laissèrent passer l'orage.

A la mort de Mgr Molé, en 1653, l'abbé de Sainte-Croix, son frère, désigné pour lui succéder, s'empressa, avant même d'avoir reçu ses bulles de Rome, de prier les membres du chapitre de rétablir la chapelle du Séminaire.

Cette sentence de réhabilitation fut pour le P. Eudes un des plus grands sujets de joie de sa vie. Mais la Providence sembla n'avoir choisi M. l'abbé de Sainte-Croix que pour réparer l'erreur de son frère ; car, renonçant aussitôt à l'évêché de Bayeux, il remit au Roi sa démission.

On nomma à son défaut Mgr Servien, 1654. Le nouveau prélat, immédiatement circonvenu par les ennemis du P. Eudes, conçut aussi le dessein de fermer de nouveau la chapelle à la première occasion. Mais, comme il était très vertueux, il craignit qu'on ne l'eût trompé et prit secrètement le parti d'étudier la chose de plus près.

Pour mieux observer le P. Eudes, il le fit prêcher une mission à quelques lieues de la ville épiscopale. Il reconnut bientôt qu'il n'avait devant lui qu'un saint prêtre, un zélé missionnaire, et non un orgueilleux et un insubordonné. Il se repentit de l'avoir

si mal jugé et résolut de lui en faire réparation.
C'est pourquoi ayant fait atteler son carrosse,
il se rendit lui-même à Caen et embrassa le saint
homme, en lui demandant publiquement pardon. Il
lui permit de faire des missions dans tout le diocèse
et lui accorda les pouvoirs les plus amples.

Un nouveau député, M. de la Haye de Bonnefont,
supérieur du séminaire de Caen, fut envoyé à Rome,
pour solliciter encore l'approbation de la société.
Mais les ennemis du P. Eudes y avaient leurs
émissaires, qui traversèrent de nouveau ses desseins
et calomnièrent la Congrégation naissante et son
Fondateur. De plus, ils découvrirent et publièrent une
supplique, rédigée en son nom, mais à son insu, par
ce M. Boniface, dont nous avons parlé précédemment,
et ils s'empressèrent d'en donner connaissance au
Roi. Elle offrait, pour obtenir la confirmation de
l'Institut des Eudistes, de les engager par un vœu
indispensable à enseigner et soutenir les opinions,
même incertaines, qui tendraient au maintien et à
l'agrandissement du Saint-Siège.

A cette nouvelle, la colère du Roi fut extrême.
Le P. Eudes eut beau protester qu'il n'était pour
rien dans cette supplique, qu'il n'avait envoyé M.
Boniface à Rome que pour l'Institut de Notre-Dame
de Charité, et nullement pour sa Congrégation;
M. Boniface eut beau rétracter par écrit sa conduite
imprudente, et témoigner qu'il avait pris cette

initiative sans aucun mandat du P. Eudes, le coup était porté, et il ne fallait plus songer, dans de telles conjonctures, à poursuivre l'approbation désirée.

Cependant M. de Bonnefont, avant de revenir en France, put obtenir des faveurs spirituelles pour les missions des Eudistes, et une bulle pour ériger une confrérie du divin Cœur dans la chapelle du séminaire de Coutances, faveur qui fut étendue à toutes les maisons de la société.

Ce fut ainsi que la divine Providence, frappant d'une main son zélé serviteur, de l'autre essuyait ses larmes. Beaucoup d'évêques, dans ces épreuves, témoignèrent au P. Eudes toute leur affection et leur bienveillance. La nouvelle Congrégation n'en continua donc pas moins de se développer.

Cependant le P. Eudes, voyant augmenter le nombre de ses enfants, prit à cœur de les former à leur vocation sainte et n'admit que des sujets bien éprouvés. Dès 1652, il avait établi au séminaire de Coutances, vu le triste état de celui de Caen, un noviciat, dit *Probation*, où il avait confié les *Jeunes* à M. Montaigu.

« Là, nous disent les Annales, ils se livraient exclusivement aux pieux exercices de l'oraison, de la lecture, des prières en commun, du silence, de la mortification des sens, de la participation aux sacrements et de quelque peu de travail manuel. Ces jeunes gens vivaient dans leur solitude avec tant de

ferveur, de régularité et d'obéissance, que leurs
supérieurs étaient obligés de mesurer les termes
dont ils se servaient pour leur donner quelque avis;
tant la grâce, à laquelle ils s'efforçaient de se
rendre fidèles, possédait heureusement leurs esprits
et leurs cœurs. »

L'insuffisance des bâtiments et la cherté des vivres
obligèrent à transférer la Probation successivement
à Caen, puis au diocèse d'Évreux, et enfin à Launay,
près Périers, au diocèse de Coutances.

Ainsi le P. Eudes n'oubliait et ne négligeait rien
de ce qui pouvait développer son Institut. Mais s'il
veillait à son accroissement, il avait encore plus à
cœur sa perfection : « Envoyez à Coutances, écrivit-il
à M. Mannoury, le jeune homme qui veut entrer
dans la Congrégation, pourvu qu'il soit résolu à
renoncer entièrement à sa propre volonté, à être
averti de ses défauts, et à vivre et mourir dans la
Congrégation. » Et à l'occasion d'un autre : « Vous
aurez soin de le former dans l'esprit de Notre-
Seigneur, qui est un esprit de détachement, et de
renoncement à toutes choses et à soi-même, un
esprit d'abandon à la divine Volonté, qui nous est
manifestée par les règles de l'Évangile et par les
règlements de notre Congrégation. »

Telles étaient les dispositions, que le P. Eudes
exigeait de tous ses enfants, et qu'il sut leur inspirer par ses exemples et par ses règles et statuts.

Aussi de son vivant, comme après sa mort, les Eudistes demeurèrent fermes dans la saine doctrine; aucun d'eux ne donna dans les nouveautés ; tous au contraire combattirent de tout leur pouvoir les maximes des Jansénistes.

Quand vinrent des jours mauvais, quand on réclama du clergé le serment à une Constitution schismatique, pas un Eudiste ne faillit. Ce fut cette fidélité à ses devoirs, qui mérita au P. Hébert, supérieur des Eudistes de Paris, de devenir le confesseur de Louis XVI et le confident de la famille royale persécutée. Le malheureux prince apprenant la défection du curé de Saint-Eustache, son ancien confesseur, écrivit au P. Hébert : « Je n'attends plus rien des hommes, apportez-moi les consolations célestes. » Le saint prêtre n'hésita pas un instant et accepta cette charge périlleuse, dont il fut la victime. Enfermé aux Carmes, il tomba, le 2 septembre, frappé de quatorze coups de sabre, dans l'oratoire du jardin, devant une statue de la sainte Vierge.

Avec lui périrent également, dans cette épouvantable et ignoble boucherie, M. Le Franc, supérieur du séminaire de Coutances et plusieurs autres Eudistes de la maison de Paris.

La Congrégation avait eu jusque-là huit supérieurs généraux : les RR. PP. Eudes, 1643-1680 ; Blouet de Camilly, 1680-1711 ; Guy de Fontaines

de Neuilly, 1711-1727; Pierre Cousin, 1727-1751;
Prosper Auvray de Saint-André, 1751-1770; Michel
Lefèbre,1770-1775; Pierre Lecoq, 1775-1777; Pierre
Dumont, 1777-1794; ce dernier mourut caché dans
la ville de Caen.

Ce fut seulement en 1826, le 9 janvier, que d'anciens Eudistes, qui avaient dû se livrer au ministère séculier à cause de la pénurie de prêtres, se réunirent à Rennes dans une maison, nommée le Pont-Saint-Martin. Des représentants des maisons de Caen, de Bayeux, de Coutances, d'Avranches et de Séez élurent pour supérieur général M. Blanchard, ancien supérieur du séminaire de Rennes et proviseur du collège royal de cette ville.

En 1828, les Eudistes se transportèrent du Pont-Saint-Martin dans l'ancien monastère des Capucins, qui prit dès lors et a conservé depuis le nom de Pension ou Institution Saint-Martin.

Au P. Blanchard succéda, en 1830, le P. Julien Loüis de la Morinière, sous lequel fut achetée, en 1839, la vieille abbaye des Bénédictins de Redon, pour y établir le collège Saint-Sauveur.

Quelques années plus tard fut fondé, non loin de Redon, le séminaire de la Roche-du-Theil, où les jeunes Eudistes suivent les cours de théologie.

Le P. Loüis eut pour successeur, en 1849, le P. Gaudaire, qui, supérieur de la Congrégation jusqu'en 1870, envoya des professeurs au petit séminaire de Valognes et au collège de Luçon, des aumôniers à Marseille et à Paris, et des missionnaires au diocèse de Coutances.

A sa mort, il fut remplacé par le R. P. Le Doré, qui a fondé une aumônerie militaire à Versailles, un collège à Besançon, une maison de missionnaires à Redon, un noviciat à Hennebont au diocèse de Vannes, une école apostolique à Plancoët dans le diocèse de Saint-Brieuc, un collège à Versailles, une maison de missionnaires à Abbeville. Il a envoyé en outre des professeurs à Ecouis dans le diocèse d'Évreux, des aumôniers à Caen, et, sur la demande du Souverain Pontife Léon XIII, des directeurs au séminaire de Carthagène (Amérique du Sud).

COPIE D'UNE VIEILLE PEINTURE,
conservée au monastère de Notre-Dame de Charité de Caen.

Dévotion des enfants du V. P. Eudes aux Sacrés-Cœurs. Ils ne forment qu'un
cœur, dans lequel vit et règne le Cœur de Jésus et de Marie

CHAPITRE VI.

Institution et propagation du culte des Sacrés Cœurs de Jésus et de Marie.

1641-1680

UNE autre gloire du V. P. Eudes, c'est d'avoir été le premier apôtre de la dévotion aux Sacrés Cœurs de JÉSUS et de Marie, et le premier propagateur de ce culte si attrayant et si fécond en fruits de grâces. Nous ne voulons, sur ce point, que revendiquer pour le pieux Serviteur de Dieu ce qui lui appartient, sans nier que l'extension si rapide de cette dévotion dans l'univers entier, soit due en grande partie à la bienheureuse Marguerite-Marie Alacoque. Mais disons tout de suite combien cette double dévotion aux Sacrés Cœurs de JÉSUS et de Marie était opportune à l'époque où vécut le P. Eudes.

Nous venons d'exposer une partie des maux dont souffrait la France chrétienne, si profondément atteinte par le protestantisme et par le jansénisme.

Ce dernier poison surtout, sous l'apparence d'un remède, s'était glissé d'une façon plus subtile et avait pénétré jusqu'au cœur de plusieurs communautés, dont le tempérament semblait robuste. Avec ses

apparences d'austérité, de retour à la discipline
primitive, de perfection plus grande, cette erreur
hypocrite avait jeté le trouble et le découragement
dans les âmes. Comment en effet fléchir un maître
inexorable, comment atteindre cette perfection qu'il
exige de la créature, et entrer dans la sainte fami-
liarité d'un Dieu qui ne sait que punir et qui ne
compatit jamais aux faiblesses et aux misères des
hommes ? Comment aimer un Dieu qui n'aime pas?
C'est ainsi que le jansénisme travaillait à resserrer
les cœurs, en mettant des bornes à la miséricorde et à
l'amour de Dieu, et en éloignant les fidèles de la sainte
Eucharistie, dont il n'osait pas nier le dogme, bien
qu'il en détruisît les fruits. Il complétait, bien que
d'une façon moins brutale, l'œuvre de destruction du
protestantisme.

A ce christianisme sans âme, à cette religion
froide et sans vie, il fallait un souffle d'amour, il
fallait une chaleur vitale, il fallait un cœur. Le
P. Eudes l'avait compris et connaissait le remède.
Il n'avait qu'à sonder ses propres sentiments, qu'à
rentrer en lui-même pour voir ce qui lui donnait
ce zèle ardent, ce dévouement d'apôtre, cette vie
surnaturelle qui animait tous ses actes et le soute-
nait dans toutes ses entreprises. C'était l'amour
de JÉSUS et de Marie, amour qu'il allait puiser
à sa source même, c'est-à-dire dans leurs Cœurs
sacrés.

A l'exemple de sainte Gertrude, de sainte Mechtilde, de saint Bernard, il eut une dévotion spéciale pour le Sacré Cœur de Jésus, et de plus, il comprit que pour arriver à ce Cœur adorable le plus facile chemin était de passer par celui de son auguste Mère.

Le P. Eudes ne séparait point ces deux Cœurs ; il n'en faisait pour ainsi dire qu'un seul, et ce fut à dessein qu'il ne voulut pas appeler son Institut Congrégation de Jésus et de Marie, mais de Jésus et Marie. C'est guidé par la même pensée qu'il prit pour blason les figures de Notre-Seigneur et de la Sainte-Vierge, réunies dans un même cœur, et qu'il donna à ses enfants cette admirable invocation aux Sacrés Cœurs de Jésus et de Marie : « *Ave Cor sanctissimum.... te adoramus*, etc.... Salut, ô Cœur très saint.... nous te vénérons, etc., » dans laquelle il invoque à la fois ces deux Cœurs comme un cœur unique. Ce fut dans les mêmes sentiments qu'il prescrivit aux prêtres de sa Congrégation, de terminer tous leurs exercices de piété par cette autre prière : « *Benedictum sit Cor amantissimum* Jesu *et Mariæ.... in æternum et ultra !* Béni soit le Cœur si plein d'amour de Jésus et de Marie.... pendant l'éternité et au delà ! »

Ce sont donc ces deux Cœurs inséparables, embrasés d'un même amour pour les hommes, que le P. Eudes présenta aux fidèles, pour secouer leur indifférence, rallumer le feu sacré éteint par les dernières hérésies, et provoquer cette ivresse sublime qui fait les saints et les martyrs.

Ces Cœurs sacrés avaient sans doute été honorés et invoqués par le passé ; mais cette dévotion ne s'était pas traduite extérieurement par un culte public.

Le moment était venu de produire au grand jour ces deux sources vives de tous les mystères de notre religion, d'instituer des fêtes en leur honneur et de recourir à ces fontaines abondantes, dans la sécheresse qui désolait les âmes.

Vers l'année 1641, le P. Eudes composa un office à neuf leçons du Saint Cœur de Marie, tout empreint de la dévotion au Sacré Cœur de Jésus. Il le fit approuver par l'évêque de Bayeux et s'en servit pour célébrer la fête du très saint Cœur de Marie, en 1643, dans le séminaire de Caen et dans la communauté de Notre-Dame de Charité.

En 1648, le vénérable serviteur de Dieu, préchant une mission à Autun, obtint de Mgr de Ragny, d'y faire célébrer très solennellement, le 8 février, dans la cathédrale, la fête du très saint Cœur de Marie. Ce prélat en autorisa l'office composé par le P. Eudes : « exhortant tous et un chacun de son diocèse, tant séculiers que réguliers, de s'en servir pour rendre l'honneur et la vénération, dus au Cœur tout divin de la Mère de Dieu. »

Ne pourrait-on faire ici un rapprochement tout naturel, et admirer la conduite de la Providence, qui se sert de Marie pour préparer les voies à son divin Fils? C'est dans la cathédrale d'Autun qu'est célébrée la première fête solennelle et publique du très saint Cœur de Marie, lorsque six mois auparavant, à quelques lieues de là, est née Marguerite-Marie Alacoque, qui exercera une si heureuse influence sur le culte du divin Cœur de Jésus. A partir de ce moment, la fête continua de se célébrer dans le diocèse d'Autun, car vingt-sept ans plus tard, la bienheureuse Marguerite-Marie notait dans ses mémoires le 8 février, fête du Saint Cœur de Marie, comme un des jours les plus chers à sa dévotion. Il n'est pas douteux d'ailleurs qu'elle n'ait puisé elle-même dans cette solennité l'amour du Sacré Cœur, car les hymnes, les antiennes, les leçons, tout l'office parle de ce Cœur adorable.

Du diocèse d'Autun, le P. Eudes transporte et fait approuver la fête du Saint Cœur de Marie dans les diocèses de Dijon, de Soissons, de Noyon, d'Évreux, de Bourges, de Coutances, de Lisieux, etc. En même temps il fonde des confréries pour perpétuer ce culte, et il répand partout son livre sur *la Dévotion au très saint Cœur de Marie*.

C'est donc avec raison que M. l'abbé Bougaud a pu dire, dans son intéressante vie de la bienheureuse Marguerite-Marie, au chapitre X : « Pour accomplir sa redoutable mission, quels appuis Dieu lui a-t-il préparés? ... Il y avait en Normandie un saint missionnaire, le vénérable Père Eudes, choisi de Dieu pour établir dans l'Église la dévotion au très saint Cœur de Marie ; qui de fait l'avait récemment inaugurée à Autun, à Beaune, à Dijon et dans toute la Bourgogne, comme une douce aurore à la dévotion au Cœur de JÉSUS ; qui continuait à la propager en Bretagne et en Normandie, à Rennes, à Coutances, à Caen, à Évreux ; et qui, pour toutes ces raisons, et aussi à cause de sa piété éminente, de son zèle tout divin envers les saints Cœurs de JÉSUS et de Marie, aurait été mieux préparé à être éclairé par elle. »

Le célèbre écrivain, dans ce passage, rend un éclatant témoignage au zèle du P. Eudes pour faire glorifier le Cœur de la Mère de Dieu. Mais ignorait-il que, dans l'année dont il parle, 1675, celui-ci avait depuis longtemps fait célébrer et approuver non seulement la fête du Saint Cœur de Marie, mais encore celle du Sacré Cœur de JÉSUS? Il avait solennisé cette dernière, dès 1670, au grand séminaire de Rennes.

Voici, en effet, ce que nous lisons dans les archives de cet établissement : « Nous permettons, dit Mgr de la Vieuville, aux dits prestres de la dite Congrégation (du P. Eudes), de célébrer solennellement tous les ans... la fête du Cœur adorable de Notre-Seigneur JÉSUS-CHRIST, avec octave, et de se servir pour cet effet d'office et de messe propres et de faire le même office double, le premier jeudi de chaque mois, non occupé d'une fête double ou semi-double, et d'en user de même à l'égard du Cœur de la B. Vierge, etc... 8 mars 1670. »

A partir de ce moment, ces deux fêtes ont été les fêtes patronales des instituts du V. P. Eudes. Le 20 avril de la même année, Mgr de la Vieuville approuva par un nouvel acte plus explicite encore la fête et l'office du Sacré-Cœur de JÉSUS.

Nous ne voulons pas charger ce récit en rapportant les approbations des évêques de Rodez, 27 juillet 1670; de Coutances, 29 juillet 1671; d'Évreux, 8 octobre 1670; de Rouen, 3 février 1671; de Bayeux, 16 mars 1671; de Lisieux, 24 septembre 1671 ; et de beaucoup d'autres.

Remarquons seulement que la B. Marguerite Marie reçut sa première révélation trois ans plus tard (27 décembre 1673), et que la première fête du divin Cœur célébrée par les Visitandines, au monastère de Dijon, le fut dix-neuf ans après celle que le P. Eudes avait fait célébrer à Rennes.

Il faut même observer que pendant longtemps, la Visitation n'ayant pas d'office propre, se servit de l'office et de la messe du Sacré-Cœur composés par notre vénérable.

Cette antériorité de l'apostolat du V. P. Eudes est si certaine, que l'illustre évêque de Soissons,

Mgr Languet, premier historien de la bienheureuse Visitandine, l'a reconnu publiquement. Voici ce qu'il dit dans l'introduction de son ouvrage : « La dévotion au Cœur sacré de Notre-Seigneur était déjà authentiquement approuvée en quelques diocèses, avant qu'elle fût connue dans le monastère de Paray, et que la M. Marguerite eût commencé à recevoir à son sujet les lumières et les grâces qui sont rapportées dans sa vie. Ce fut par les soins du célèbre P. Eudes, le fondateur de tant de séminaires et l'instituteur d'une sainte Congrégation de prêtres apostoliques, qui porte son nom, que cette dévotion se répandit, dès le milieu du siècle passé, et que la fête du Cœur de Notre-Seigneur fut célébrée avec l'approbation des évêques dans plusieurs séminaires de Normandie. »

Ainsi le P. Eudes, embrasé pour le Sacré-Cœur de JÉSUS du même amour que les Gertrude, les Mechtilde, les Catherine de Sienne, en devint le premier apôtre. Il en prêcha la dévotion plus de trente ans avant le P. de la Colombière; il en établit la fête et en composa l'office plusieurs années avant les révélations de Notre-Seigneur à la B. Marguerite Marie. S'il est vrai que la pieuse Visitandine a donné à ce culte une nouvelle et puissante impulsion, il n'est pas moins incontestable que le P. Eudes a aussi largement contribué à sa propagation.

Jamais il ne présida une mission ou une retraite

sans y prêcher sa dévotion chérie, sans y établir des confréries des saints Cœurs. Les communautés religieuses surtout, comme il nous le dit lui-même, et spécialement celles des Ursulines, des Carmélites, des Bénédictines du Saint-Sacrement, de la Congrégation de Notre-Dame, secondèrent ses vues et adoptèrent avec joie les fêtes du Saint Cœur de Marie et du Sacré-Cœur de Jésus. Nous en trouvons les offices imprimés, à la date de 1674, dans le livre d'Heures des religieuses de Montmartre.

N'est-il pas bien remarquable de voir le P. Eudes faire chanter, sur le terrain même où surgit aujourd'hui le monument national du Sacré-Cœur, et deux cents ans à l'avance, ces magnifiques paroles :

> « Gaudeamus exultantes,
> « Cordis Jesu personantes,
> « Divina præconia... »

« Réjouissons-nous, tressaillons d'allégresse en chantant les louanges et en exaltant les divines prérogatives du Sacré-Cœur de Jésus. »

Quelle joie pour lui, s'il eût pu voir se dresser vers le ciel ce magnifique témoignage de la foi catholique !

Mais s'il était heureux de propager cette dévotion, rien ne lui faisait plus de peine que de la savoir négligée ou abandonnée. Il apprit un jour qu'une nouvelle supérieure, dans une communauté de Bénédictines, avait cru bon de supprimer les deux fêtes des Sacrés Cœurs. Aussitôt il lui écrivit une longue lettre commençant par ces mots : « Madame, quoique je n'aie pas l'honneur d'être connu de vous, j'ose néanmoins prendre la liberté de vous écrire, pour vous marquer ma douleur d'avoir appris que vous avez ôté de votre monastère, non seulement la fête du Saint Nom de Marie, mais que vous avez aussi résolu d'en retirer la fête de son divin Cœur. Oh ! Madame, que faites-vous ? Les abbesses qui vous ont précédée, et qui étaient si pleines de sagesse et de vertu, ont établi ces fêtes, par un effet de la dévotion singulière qu'elles avaient pour la glorieuse Vierge, et vous, vous détruisez l'ouvrage de leur piété !

« Quel honneur pour vous ! Et que vous diront-elles au jour du Jugement ? Que faites-vous, Madame ? La divine bonté avait mis dans votre maison ces deux fontaines de grâces et de bénédictions, et vous les tarissez ! Le Sacré Cœur de JÉSUS et le Saint Cœur de Marie étaient deux tours imprenables pour vous mettre à couvert des ennemis des âmes de l'Abbesse et de ses filles, et vous les ruinez !.... »

Inutile de redire que l'Ordre de Notre-Dame de Charité et le Tiers-Ordre du Sacré-Cœur furent deux des principaux foyers de cette dévotion. Il en fut de même de tous les instituts fondés par les Eudistes, tels que la Congrégation du Sacré-Cœur de JÉSUS, établie en 1674 par le P. Dupont, celle du

Bon-Sauveur de Saint-Lô et de Caen, instituée par le P. Hérambourg, la Société du Saint-Cœur de Marie à Rennes, les Sœurs des Petites-Écoles à Rouen, de la Providence à Évreux, etc., etc.

Une autre cause, qui ne contribua pas peu à répandre le culte des Sacrés Cœurs de Jésus et de Marie, ce furent les nombreuses et belles prières composées par le V. P. Eudes, et les confréries qu'il érigea en leur honneur. Pratiqués dans les séminaires par les prêtres et les ordinands, ces pieux exercices ne tardèrent pas à pénétrer dans le peuple et se sont perpétués jusqu'à nos jours. Beaucoup de diocèses avaient aussi adopté les deux fêtes instituées par le fervent Apôtre, et ont chanté ses offices jusqu'au jour où ils ont dû faire choix de la liturgie romaine. Aussi les retrouve-t-on dans une multitude de missels, de bréviaires et de livres de piété.

Nous pouvons même affirmer qu'un grand nombre de Congrégations dédiées aux Sacrés Cœurs ont hérité, sans le soupçonner, de quelques prières composées par le P. Eudes. Ainsi les Pères d'Issoudun ont emprunté, sans en connaître l'origine, l'office du V. P. Eudes et la belle prière *Ave Cor sanctissimum.....* à un vieux paroissien de Bourges.

Les enfants du saint missionnaire ont continué son apostolat et développé cet élan catholique vers les Saints Cœurs de Jésus et de Marie.

Ce fut un Eudiste, le P. Hébert, qui inspira à

Louis XVI son vœu au Sacré-Cœur : « Vous voyez donc, ô mon Dieu, toutes les plaies, qui déchirent mon cœur.... » Si ce monument de la piété royale est parvenu jusqu'à nous, c'est grâce à la précaution prise par le P. Hébert d'en faire tirer plusieurs copies, qui furent conservées après le massacre du 2 septembre (1).

1. Voir sur cette dévotion le savant ouvrage composé par le T. R. P. Le Doré et intitulé : *Le P. Eudes, premier Apôtre des Sacrés Cœurs de Jésus et de Marie.*

Sœur Marie des Vallées, première Tertiaire du Saint Cœur de
Marie, morte à Coutances, en odeur de sainteté, le 25 février 1656.

CHAPITRE VII.

Tiers-Ordre du Sacré-Cœur.

IL est une troisième famille du V. P. Eudes, que nous ne saurions passer sous silence; elle est trop remarquable par le grand nombre de ses membres et par les services qu'elle a rendus.

Au rapport de M. l'abbé Souchet, dans son *Livre des Vierges et des pieuses Veuves*, le Tiers-Ordre du Sacré-Cœur compterait encore plus de quinze mille membres. Nous connaissons en Bretagne un grand nombre de paroisses, qui n'ont pas moins de quarante *Bonnes Sœurs;* c'est ainsi qu'on les nomme dans les campagnes.

L'Institut lui-même est désigné sous divers noms: *Tiers-Ordre du Sacré-Cœur* ou *Société des enfants du Cœur de la Mère admirable.* C'est sous ce dernier titre que le P. Eudes l'avait établi. Il le créa vers 1648, pour sanctifier les âmes qui se sentent attirées à la perfection et qui, pour un motif quelconque, ne peuvent embrasser la vie religieuse.

Il diffère des confréries qu'il érigeait à la fin des missions, sous l'invocation, soit du Sacré-Cœur de la bienheureuse Vierge, soit du Sacré-Cœur de Jésus et de Marie, dans lesquelles les fidèles de toutes conditions pouvaient s'enrôler.

« Le P. Eudes institua cette Société, dit le
P. Hérambourg, pour les personnes qui, demeurant
dans le monde, n'ont pas la santé, les moyens ou la
vocation pour entrer dans les Congrégations religieuses, et qui cependant veulent mener une vie
plus parfaite que celles qui sont enrôlées dans la
confrérie du Saint-Cœur (aussi fondée par lui), où
l'on reçoit toute personne, pourvu qu'elle ne soit pas
d'une vie mondaine et scandaleuse. Il désira que
ceux et celles qu'on y agrégerait, fussent sans aucun
reproche, qu'ils pratiquassent une vraie et solide
dévotion, qu'ils eussent un cœur vraiment filial pour
la Mère d'amour; et il voulut qu'ils vécussent dans une
continence et chasteté parfaite (dans l'état du céli-
bat ou du veuvage). Il leur prescrivit de porter, par
dessous leur habit ordinaire, un autre petit habit
composé de trois choses : 1° d'une tunique blanche en
l'honneur de l'Immaculée Conception de Marie ;
2° d'une ceinture blanche de soie, en l'honneur de sa
Maternité et de sa Virginité ; 3° d'une croix rouge de
soie, attachée au dedans de la tunique, vis-à-vis du
cœur, en l'honneur des Douleurs qu'elle a souffertes.»

Le manuel de la Société demande que les personnes qu'on y admet soient âgées d'au moins
vingt-cinq ans, libres de leurs actions et qu'elles
fassent un an de postulat. Le P. Eudes ne paraît pas
avoir composé lui-même tous les articles du règlement, mais, dit le P. Hérambourg, il est probable

qu'ils ont été rédigés et formulés par un Eudiste.

Cette Société, que par analogie, nous appellerons Tiers-Ordre, fut créée dans le même but que les Tiers-Ordres de Saint-François, de Saint-Dominique et du Carmel ; mais avec des règles et des pratiques plus accessibles aux pieux fidèles obligés de vivre dans le monde. Elle a même quelque chose de plus parfait que ces Tiers-Ordres, puisque les personnes mariées n'en peuvent faire partie. Elle constitue donc véritablement la vie religieuse dans la famille.

Aussi se développa-t-elle rapidement, du vivant même du P. Eudes, dans les provinces de Normandie et de Bretagne. Elle y a traversé la période révolutionnaire, en rendant à ces contrées les plus grands services religieux.

Voici ce qu'on lit à ce sujet dans l'*Essai historique sur les Monuments de Dol*, par l'abbé Lecarlate : « Le clergé était aidé, dans sa glorieuse tâche, par de pieuses filles, nommées dans l'Église *Sœurs des SS. Cœurs de* Jésus *et Marie...* Ces humbles femmes, tout en renonçant au mariage, vivaient au sein de leurs familles, dont elles étaient la joie et l'orgueil. Elles étaient au milieu du monde comme le lis entre les épines. Elles faisaient l'école aux enfants, leur apprenaient les prières et le catéchisme, leur montraient à lire, à écrire, de manière à pouvoir remplir plus tard par eux-mêmes leurs affaires. D'une modestie irréprochable, elles inculquaient l'amour de cette vertu à leurs jeunes élèves. Quand les prêtres eurent quitté le sol de la patrie, quand les chaires chrétiennes furent envahies par les forcenés qui hurlaient le blasphème et l'impudicité, quand nos églises furent profanées par des chants infâmes, la *bonne sœur* apprenait aux enfants à chanter les cantiques de la mission. Quand le malade était gisant sur un lit sans prêtre, elle s'ingéniait à lui en procurer un, sans craindre la mort dont on la menaçait. A défaut de prêtre, elle prenait, dans le bon trésor de son cœur, des paroles de consolation pour aider le mourant dans le passage du temps à l'éternité. Quand il fut défendu, sous peine de mort, de prier Dieu, d'avoir un objet de piété, ces bonnes filles continuaient à remplir leur apostolat, et allaient en prison, joyeuses d'avoir accompli un devoir sacré. Si, durant la Terreur, des prêtres ont fait faire quelques communions, c'était à des enfants instruits par ces âmes d'élite. »

L'hommage rendu à ces saintes filles est assurément bien mérité, car plus d'un prêtre leur dut la vie aux jours néfastes de la Révolution. Dans l'absence du prêtre, elles réunissaient souvent leurs voisins dans une modeste grange aux heures des offices, pour y lire tout haut les prières de la messe.

Voyez-les encore maintenant, avec ce cachet de piété, de charité et de simplicité, que le P. Eudes a su imprimer à toutes ses œuvres. La plupart d'entre elles ne sont pas riches ; elles gagnent modestement leur vie par un travail quotidien ; elles savent cependant économiser chaque semaine quelques heures, pour les consacrer à l'ornementation de l'église ou à l'instruction religieuse des enfants. Elles vivent au milieu du monde, qu'elles édifient par leurs vertus. Leur costume ne diffère des vêtements ordinaires que par l'exclusion de toutes ces coquetteries et frivolités que le monde recherche. Vous les reconnaîtrez sans peine à cette simplicité modeste, dans la ville comme à la campagne. Vous les discernerez encore à leur dévouement, qu'elles vivent dans leur famille, dont elles soignent les vieillards et les petits enfants, ou qu'elles prodiguent leurs précieux services, dans les presbytères, aux prêtres, dont elles se sont constituées, plutôt par esprit de foi que par intérêt, les humbles servantes.

L'institution de cette Société dans la ville de Rennes, remonte jusqu'au P. Eudes, à la mission qu'il y prêcha en 1670. Depuis cette époque, elle y a toujours prospéré, et en ce moment elle y compte encore plus de cent membres. Elle est également fort répandue dans beaucoup de paroisses de ce pieux diocèse.

Elle est aussi, depuis son origine, demeurée toujours florissante dans la ville de Caen et aux environs.

Au diocèse de Vannes, avant la Révolution, elle

était connue sous le nom de *Société de la Bienheureuse Vierge*. Dispersée sans avoir été détruite pendant l'orage, elle fut de nouveau réunie, vers 1832, par un saint prêtre, l'abbé Eon, vicaire-général de Vannes, qui la dirigea pendant une dizaine d'années avec le plus grand zèle. Peu à peu elle a grandi, et maintenant elle compte, nous dit-on, plus de mille membres dans les environs de Vannes, de Questembert et de Josselin.

Au diocèse de Coutances le Tiers-Ordre du Sacré-Cœur a fait, depuis vingt-cinq ans, c'est-à-dire depuis la présence des missionnaires Eudistes, de rapides et continuels progrès. Les sœurs y sont fort nombreuses à Saint-James, à Pontorson, à Granville, à Avranches et dans les paroisses voisines.

Dans le diocèse de Nantes, une trentaine de paroisses au moins possèdent des Tertiaires ; et Mgr Lecoq, persuadé que ces saintes filles sont appelées à rendre des services de plus en plus grands à notre époque de dislocation générale, leur a donné une existence canonique et un supérieur. C'est en effet à l'heure où la religion est bannie des hôpitaux et des écoles, que les dévouements spontanés de ces âmes d'élite, qui ont l'esprit religieux sans en avoir le costume ni les liens, vont devenir plus nécessaires et demandent à être encouragés.

Dans le diocèse de Laval, Mayenne possède depuis plus de vingt ans un petit essaim de Filles du Saint

Cœur de Marie. Elles y sont plus d'une quarantaine, se soutenant et s'encourageant les unes les autres dans les œuvres de zèle et de dévouement.

Nous pourrions en dire autant de Blois, d'Angers et de Versailles.

A Paris, la Société est aussi canoniquement érigée depuis 1874, et paraît devoir prendre un rapide accroissement, sous la direction des Pères Eudistes.

Elle s'est établie même en Amérique, aux Petites-Antilles, que les Eudistes, et spécialement un pieux évêque de leur Congrégation, Mgr Poirier, ont évangélisées longtemps.

Mais elle n'est nulle part plus florissante qu'au diocèse de Saint-Brieuc, qui tient à honneur d'être à la tête de toutes les bonnes œuvres (¹). Elle y existait dans plusieurs paroisses, avant la Révolution, ainsi qu'au diocèse de Tréguier, qui maintenant lui est réuni.

Au rétablissement du culte, Mgr Caffarelli, évêque de Saint-Brieuc, instruit des importants services que le Tiers-Ordre du Sacré-Cœur avait rendus au clergé et aux fidèles de son diocèse pendant la persécution, l'éleva au rang d'institution diocésaine et lui donna pour supérieur M. l'abbé Chantrel. Ce digne prêtre et son successeur, M. Delange, prirent à cœur

---

1. Nous connaissons plusieurs paroisses de ce diocèse, où il y a, parmi les hommes, des membres de cette Société ; et dernièrement un ecclésiastique nous en citait un qui avait été victime, à Erquy, de son dévouement au milieu d'une maladie contagieuse.

l'œuvre dont ils avaient été chargés et la développèrent rapidement.

Après eux, M. l'abbé Souchet, doyen du chapitre, lui consacra ses travaux et ses veilles. Ses deux ouvrages, *Le livre des Vierges et des pieuses Veuves*, et un *Essai sur la piété bretonne*, ont fait connaître et admirer le Tiers-Ordre du Sacré-Cœur et lui ont donné un admirable essor.

M. l'abbé Bourgneuf, aumônier de Notre-Dame de Charité, à l'exemple de son prédécesseur, s'occupe avec zèle de cette Société, dont il est le supérieur général diocésain.

De son côté, S. G. Mgr Bouché encourage et favorise cette œuvre, dont il a constaté lui-même les heureux fruits et dont il pressent les avantages et les services possibles à notre malheureuse époque.

Nous n'hésitons pas à citer en son entier, la circulaire que Sa Grandeur a envoyée il y a trois ans à son clergé, et qui concerne surtout les Sœurs du Sacré-Cœur, si nombreuses dans ce religieux diocèse.

« Que de bien, dit Sa Grandeur, ces saintes filles ont réalisé dans le passé !

« Que de bien elles peuvent faire encore dans le présent !

« A ce sujet, permettez-Nous, Messieurs, de rappeler ici un souvenir qui Nous est personnel. Pendant

les trois années de Notre court vicariat à Ploubaz-
lanec, il Nous fut donné de voir à l'œuvre ces filles
dévouées : décoration de l'église paroissiale et des
chapelles, soins aux malades, assistance des mourants
et surtout catéchisme aux enfants ; aucune des
œuvres de charité chrétienne ne leur était étrangère. Dans Nos visites aux malades, soit de jour,
soit de nuit, Nous trouvions toujours à leur chevet
une *bonne sœur*, infirmière volontaire, leur prodiguant des soins désintéressés , les préparant à
recevoir les derniers sacrements, et se constituant
ainsi la meilleure auxiliaire du prêtre. Quand Nous
allions porter le saint Viatique aux moribonds,
Nous étions assuré de trouver tout préparé, et la
maison bien en ordre ; une nappe blanche recouvrait la table, sur laquelle s'élevait le plus beau
crucifix de la maison ou du village ; autour du
symbole de la Rédemption étaient rangés des vases
en porcelaine garnis des plus belles fleurs de la
saison ; les cierges bénits à la Chandeleur brûlaient
dans les plus beaux chandeliers qu'on avait pu se
procurer ; une assiette, de vieille faïence le plus
souvent, recevait l'eau sainte, dans laquelle trempait
le buis des Rameaux. Une foule recueillie remplissait la maison. En attendant l'arrivée du *Bon Dieu*,
la sœur du Tiers-Ordre, la *Religieuse de la maison
(Léanez ann ti)* selon la charmante appellation
bretonne, récitait des prières auxquelles l'assistance

répondait pieusement. Le prêtre n'avait pas besoin
d'exhorter le mourant: ce que celui-ci voyait autour
de lui, ce qu'il entendait, tout lui parlait éloquem-
ment du grand acte qui allait s'accomplir. Et quand
les derniers sacrements avaient été administrés par
le prêtre, et reçus par ce vrai chrétien avec une
sainte résignation faite de foi et d'espérance, le rôle
de la *Religieuse de la maison* n'était pas fini. Elle
demeurait là, négligeant ses propres affaires, jusqu'à
la fin. C'était encore elle qui suppléait à l'inexpé-
rience des gens de la maison, c'était elle qui prenait
soin d'ensevelir le chrétien qui venait de mourir, de
préparer la chapelle mortuaire, d'entourer de
décence et de respect ces restes de la vie qui ressus-
citeront au dernier jour. C'était elle toujours qui
présidait la *veillée du mort* et récitait le *chapelet des
trépassés.*

« Les bienfaits qu'une paroisse peut tirer de la
présence des sœurs des Tiers-Ordres éclatèrent à
Nos yeux à un autre point de vue plus utile, s'il est
possible, celui de l'enseignement du catéchisme.
Aux veillées du soir, on assemblait tous les enfants
de chaque village, de chaque hameau. Réunis devant
le foyer, ils étaient interrogés tour à tour par la
bonne sœur, qui apportait dans l'accomplissement
de sa tâche volontaire une patience que rien ne
déconcertait. Il fallait voir plus tard avec quel légi-
time orgueil la sainte fille présentait ses petits

élèves à M. le recteur, le jour où l'on prenait les noms pour la première communion, en lui donnant l'assurance qu'ils savaient déjà toute ou presque toute la lettre du catéchisme. Et avec quel bonheur aussi le vénérable recteur accueillait ces communications, qui lui promettaient pour les réunions du catéchisme un auditoire déjà bien préparé !

« Ce que je viens de décrire, Messieurs, un peu trop longuement peut-être, comme l'un des plus doux souvenirs de ma vie sacerdotale, se passe encore, et j'en bénis Dieu, dans un grand nombre de paroisses de ce diocèse. Ah! Messieurs, que votre Évêque serait heureux de voir se multiplier ces pieuses et utiles associations ! Quelles auxiliaires précieuses pour le bien on se créerait ainsi ! »

CHAPITRE VIII.

NOUS venons d'essayer à grands traits une esquisse des œuvres du P. Eudes. Nous avons été bien incomplet ; et cependant la vue de tant d'entreprises menées à bonne fin, pour la plus grande gloire de Dieu, nous jette dans la surprise et dans l'admiration.

Mais nous laisserions encore une grande lacune dans cette vie déjà si remplie, si nous n'ajoutions qu'il composa beaucoup d'autres livres que ceux dont nous avons parlé. Sans vouloir en donner l'analyse, nous devons en citer, par ordre de publication, quelques-uns qui révèlent la science et surtout la vertu de cet homme de Dieu.

Ce sont d'abord (1636), les *Exercices de piété pour vivre chrétiennement et saintement*, ouvrage, dont le titre rend parfaitement compte, car il ne renferme que des exercices pieux, pleins de doctrine et d'onction, pour sanctifier toutes les actions de la journée.

Il publia ensuite (1637), *la Vie et le Royaume de* JÉSUS *dans les âmes chrétiennes*, excellent livre, qui nous montre le chrétien continuant sur la terre la vie de JÉSUS.

Le principe de la vie chrétienne, à laquelle l'auteur nous invite, c'est JÉSUS vivant en nous par sa grâce ; le but, c'est JÉSUS régnant en nous par son parfait amour ; le moyen, c'est encore JÉSUS nous aidant lui-même à nous sanctifier, à le former, à le faire grandir, à le perfectionner en nous par toutes nos actions. Tout cet ouvrage est remarquable par sa piété, mais surtout le VIIIe livre, qui traite de l'humilité. Ce livre a été imprimé séparément sous le titre bien mérité de *Livre d'or*, et l'ouvrage entier a eu quantité d'éditions, et du vivant de l'auteur et après la mort du P. Eudes.

Deux petits ouvrages parurent ensuite (1641). Le premier fut le *Testament de* JÉSUS *et le Testament du véritable chrétien*. C'est le plus petit de ses livres, mais il n'est pas le moins utile. Le second, la *Vie du chrétien ou le Catéchisme de la mission*, est un excellent manuel, non seulement pour les missionnaires et les pasteurs, mais aussi pour tous les fidèles. Il contient une explication claire, méthodique et pratique des vérités de la religion, et d'excellents conseils sur la manière de faire une confession générale.

Bientôt parurent les *Avertissements aux confesseurs* (1642), dans lesquels le P. Eudes fait voir sa science théologique et son tact délicat pour diriger les âmes, sans rigueur et sans mollesse.

En 1648, il publia à Autun, un petit livre sur la

Dévotion au Cœur de la bienheureuse Vierge, avec l'Office du très saint Cœur, ouvrage qu'il réédita successivement en 1650, 1654, 1663, 1672, avec des additions toujours plus nombreuses.

La reconnaissance dont il était pénétré pour la grâce du baptême, et l'importance qu'il attachait à toutes ses obligations, lui firent composer le *Contrat de l'homme avec Dieu par le saint baptême* (1654), ouvrage qui trace à tous les chrétiens leurs devoirs, et leur découvre leur grandeur et leurs espérances. On raconte que le R. P. Ignace, religieux Carme Déchaussé, d'une vertu consommée, ne lisait ce livre qu'à genoux, tant il y trouvait de piété et tant il y voyait l'expression de l'esprit évangélique.

En même temps le P. Eudes composait le *Sacrifice de la sainte Messe*, où il traite de la dignité et de la sainteté de cette action toute divine, et des dispositions intérieures et extérieures qu'il faut y apporter. La dernière partie seule, ou *Manière de servir la Messe*, a été imprimée.

Le plus utile et le plus pratique des livres publiés par notre pieux serviteur de Dieu fut le *Bon Confesseur* (1666), ouvrage qui eut neuf éditions du vivant même de l'auteur, chose extraordinaire à cette époque. Ce livre trace les qualités convenables aux confesseurs et tout ce qu'ils doivent observer pour remplir saintement leur ministère. Il est un des premiers ouvrages français sur cette matière, et, malgré le grand nombre d'autres qui ont paru depuis, il est encore un des meilleurs par la sûreté de la doctrine et la sagesse des règles qu'il renferme. L'auteur reçut de tous côtés des félicitations et un des plus illustres archevêques de France ordonna, par un statut particulier, à tous ses prêtres d'en faire la lecture.

Nous ne ferons que citer le *Manuel pour une communauté ecclésiastique*, qui est plus spécialement en usage parmi les Eudistes (1668).

En 1670, le pieux auteur mettait au jour un autre livre intitulé : *Dévotion au Cœur adorable de* JÉSUS, suivi de l'Office de ce divin Cœur.

Deux ans plus tard, il faisait imprimer le livre de ses *Offices particuliers*, qu'il avait composés à différentes époques, pour être récités par les prêtres de sa Congrégation. Ces offices au nombre de vingt-deux parurent en un volume in-18, et les messes correspondantes en un petit volume in-4°. Tous respirent la plus suave piété et font le plus grand honneur au Vén. P. Eudes comme hymnographe et liturgiste.

Dans les dernières années de sa vie, le pieux serviteur de Dieu publia de nouveaux ouvrages : *L'Enfance admirable de la sainte Vierge*, divisé en trois parties : les mystères, l'excellence et les vertus de la sainte enfance de Marie ; ouvrage précieux surtout pour l'éducation des jeunes personnes (1673).

Le Prédicateur apostolique vint ensuite donner aux missionnaires et à tous les pasteurs les règles les plus sages pour faire entendre la parole de Dieu.

Puis le *Mémorial de la Vie ecclésiastique* rappela aux prêtres la sublimité et les devoirs de leur profession, fournit de pieux exercices pour accomplir saintement toutes les fonctions sacerdotales, et des sujets de méditation pour se recueillir et se retremper dans la retraite.

Cette liste déjà longue, à laquelle il nous faut ajouter : *Tout* JÉSUS, l'*Homme chrétien*, la *Sainte Enfance de Jésus*, l'*Office divin*, une *Vie de la Sœur Marie des Vallees*, un *Mémoire sur les faveurs accordées par la très sainte Vierge à l'église de Coutances*, trois volumes de *Sermons*, deux volumes de *Méditations* et plusieurs autres livres, restés manuscrits et malheureusement perdus, nous fait voir que le P. Eudes déployait tout son zèle pour former des chrétiens et des prêtres. Rien de plus pieux que ces ouvrages, nourris des maximes de l'Évangile, basés sur une profonde science théologique, fruits d'une grande expérience et de fréquentes méditations.

Tout y respire une vertu éminente et une soif ardente du salut des âmes.

Nous ne pouvons passer sous silence le dernier et le plus volumineux de ses écrits, le *Cœur admirable de la Mère de Dieu*, in-4°, d'environ 800 pages. Ce livre où le P. Eudes a reproduit et développé tout ce qu'il avait écrit précédemment sur le Cœur de Jésus et celui de sa divine Mère, est le premier ouvrage où la dévotion des SS.Cœurs ait été théologiquement exposée et magistralement défendue. Le but principal de l'auteur est d'exciter dans les âmes une profonde vénération pour ces deux Cœurs incomparables. A une doctrine solide, à une vaste érudition ecclésiastique, il a su joindre un cachet remarquable d'une tendre dévotion. A chaque page des traits d'amour s'échappent du cœur du pieux apôtre. Ce sont les derniers élans d'une âme, qui ne tient plus à la terre et qui commence à déployer ses ailes. Ce fut en terminant la dernière page de ce livre (25 juillet 1680), que le P. Eudes fut pris de la fièvre, à laquelle il succomba. Mais il nous faut revenir un peu sur ses dernières années.

Plus il avançait dans la vie, plus la Providence travaillait à purifier au creuset des souffrances cette vertu déjà si fortement éprouvée. Les persécutions et les croix ne lui avaient point manqué, mais elles se multiplièrent encore dans les derniers temps de la vie du P. Eudes. Des calomnies de toute sorte furent lancées contre lui dans le public par les Jansénistes et quelques Oratoriens. Des libelles diffamatoires furent même imprimés, auxquels le digne prêtre ne jugea pas à propos de répondre, content d'avoir à souffrir comme son divin Maître.

Nous avons vu comment ses adversaires, après la

découverte à Rome du factum de M. Boniface, s'estimèrent heureux de perdre le P. Eudes dans l'esprit de Louis XIV. Durant six années, il encourut la disgrâce du roi, et il craignait vivement que ses instituts n'eussent à en souffrir. C'est pour cela, qu'après avoir enduré avec une grande patience cette épreuve, il chercha à se justifier auprès de sa majesté. Après bien des refus, il obtint, l'année qui précéda sa mort, une audience du monarque et lui fut présenté par l'archevêque de Paris. Il eut la consolation de recouvrer les bonnes grâces du prince, après les avoir perdues injustement. Voici comment le P. Eudes nous raconte l'entrevue :

« Mgr de Paris m'ayant fait mettre à un coin de la chambre, lorsque le roi vint à y entrer, il passa au milieu de tous les grands seigneurs et s'en vint droit à moi, avec un visage plein de bonté. Alors je commençai à lui parler de notre affaire, et il m'écouta avec grande attention, comme étant bien aise d'entendre ce que je lui disais. » Le P. Eudes se contenta d'assurer Louis XIV que M. Boniface avait agi sans mandat. Le roi fut frappé de l'accent de sincérité du vieillard et lui répondit d'une façon si cordiale, que le P. Eudes ajoute: « Mgr de Paris et tous les seigneurs qui étaient présents, furent bien étonnés de voir un si grand roi parler avec tant de douceur et de bonté au dernier de tous les hommes. »

Ainsi, malgré ses nombreuses infirmités, le

vénérable vieillard n'avait pas craint la fatigue d'un si long voyage, dans l'intérêt de sa Congrégation. Mais il en subit le contre-coup, et, à partir de ce moment, il vit rapidement diminuer ses forces. Alors, tourmenté par des douleurs toujours croissantes, il prit pour coadjuteur M. de Bonnefont.

Ce choix ne plut pas à tous les membres de la Société ; c'est pourquoi le P. Eudes résolut de convoquer une assemblée générale pour y donner sa démission. Cédant à ses instances, l'assemblée élut pour supérieur général M. Blouet de Camilly, supérieur du séminaire de Coutances et grand vicaire de ce diocèse. On vit alors un spectacle attendrissant jusqu'aux larmes. Le vieux prêtre, rassemblant le peu de forces qui lui restait, se prosterna à genoux, la tête nue, aux pieds de celui qu'il considérait déjà comme son supérieur et son père, et dans cette humble posture il réclama sa bénédiction, en lui protestant de son respect et de son obéissance.

A partir de ce moment, le P. Eudes ne s'occupa plus que de son éternité, sentant qu'elle était proche. Bientôt en effet il fut saisi d'un nouvel accès de cette fièvre violente, à laquelle il résistait depuis plusieurs années, grâce à la vigueur de son tempérament. Il vit la fièvre se calmer, mais il n'en remit pas moins à ceux qui l'entouraient, un écrit de sa main, rédigé depuis longtemps et prescrivant en détail les mesures à prendre pour le préparer à la mort. Il demandait surtout à recevoir le saint viatique en pleine connaissance. Il fut exaucé, et quand il vit entrer Notre-Seigneur dans sa chambre, rien ne put le retenir. Il se leva, soutenu par deux de ses frères, se mit à genoux sur le parquet, et, avec l'ardeur d'un zèle et d'une dévotion que n'avaient refroidie ni l'âge ni les souffrances, il adressa aux assistants une amende honorable et une exhortation qui les fit fondre en larmes.

Enfin, le mal augmentant toujours, il reçut l'extrême-onction avec une ferveur angélique. Il expira vers trois heures de l'après-midi, le 19 août 1680, dans l'octave de l'Assomption, heureux d'aller trouver Celle, à laquelle il avait consacré ses derniers travaux et sa vie tout entière.

Il avait désiré que ses restes fussent déposés dans l'église du séminaire de Caen. C'est pourquoi, malgré leurs instances, les religieuses de Notre-Dame de Charité ne purent obtenir son cœur. Ses volontés furent fidèlement gardées ; on voulut observer les désirs exprimés dans son testament : « Si j'avais quelques désirs, je souhaiterais que mon corps fût enterré dans notre église de Caen, consacrée au Cœur de Jésus et de Marie ; mais j'abandonne entièrement et mon corps et mon âme à la divine volonté, me soumettant très volontiers à ce qu'il lui plaira en ordonner pour le temps et pour l'éternité ; consentant avec joie à ce que mon corps soit réduit en poudre et à ce que tous les grains de poussière qui en sortiront, soient autant d'actes d'adoration et de louange au regard du mystère de la sépulture de mon Sauveur et de sa très sacrée Mère. »

A la nouvelle de la mort du P. Eudes, le peuple vint en foule prodiguer les marques de sa vénération à cet homme de Dieu, dont il avait admiré le zèle et les vertus. L'empressement fut tel que, pour satisfaire la piété des fidèles, on différa son inhumation jusqu'au troisième jour. Le clergé assista en grand nombre à ses funérailles et l'évéque de Bayeux, accompagné de 'son chapitre, vint ensuite à Caen, pour y célébrer un service solennel et entendre une oraison funèbre prononcée par l'un des chanoines.

Un historien du commencement de ce siècle, Hélyot, a écrit dans son *Histoire des Ordres religieux :* « Le vénérable P. Eudes mourut à Caen, le 19 août 1680. Dès qu'on eut appris la nouvelle de sa mort, le concours du peuple à venir voir ce fidèle serviteur de Dieu fut si grand, qu'on eut beaucoup de peine à avoir la liberté de l'enterrer. L'empressement de tout le monde à lui rendre les derniers devoirs, les louanges qu'on lui donnait et qui retentissaient de toutes parts, firent assez voir que Dieu honore dans le ciel celui à qui les hommes rendaient par avance tant d'honneur sur la terre. »

Reproduction d'une gravure très ancienne du V. P. EUDES.

Deuxième partie : Vertus du Vénérable Père Jean Eudes.

NOUS n'avons, dans le court exposé qui précède, envisagé que les œuvres du V. P. Eudes, sans étudier sa personne même, ses sentiments et ses vertus. A la saveur de ses fruits l'arbre nous a paru bon, mais nous n'en avons encore qu'une connaissance incomplète. Il nous reste à considérer le pieux serviteur de Dieu, non plus dans sa vie active, dans ses travaux apostoliques, mais dans ses sentiments intimes, et pour ainsi dire, dans sa sève chrétienne et sacerdotale. S'il a fleuri d'une façon si merveilleuse au milieu d'un siècle aride et desséché, c'est qu'il était solidement enté sur JÉSUS-CHRIST, principe de toute vie chrétienne, source de toute vertu ecclésiastique.

Nous allons donc étudier dans le P. Eudes le chrétien et le prêtre : le parfait chrétien, dans la pratique des vertus théologales, des préceptes et des conseils évangéliques ; le prêtre modèle, dans son union à Dieu par la prière, dans son dévouement au prochain par la prédication et par toutes les autres œuvres du zèle sacerdotal.

CHAPITRE I.

LA foi est le fondement de toutes les autres vertus, et, si cette base n'est pas solide, l'édifice tout entier s'écroule bientôt. L'histoire de l'Église ne nous en fournit malheureusement qu'un trop grand nombre de preuves. Le P. Eudes l'avait bien compris. Aussi mettant en pratique le précepte de saint Paul, il ne vivait que de la foi : *Justus ex fide vivit.* La foi éclairait son intelligence échauffait son cœur et sanctifiait tous ses actes. Ses pensées, ses paroles, ses actions étaient toutes inspirées et réglées par cet esprit de foi, dont il avait reçu le principe au baptême, et dont il remerciait Dieu tous les jours.

On citerait difficilement un saint qui ait été pénétré d'une plus grande reconnaissance envers Dieu, pour sa naissance au sein de l'Église catholique. Nous en trouvons des preuves surabondantes dans son livre du *Contrat de l'homme avec Dieu par le saint baptême*, dans les Constitutions et dans le Manuel de sa Société, où des jours sont fixés pour méditer sur la grâce du Baptême, pour en renouveler les promesses et pour en remercier Dieu.

Cette estime pour le saint Baptême et la rénovation qu'il faisait fréquemment de ses promesses, lui avaient inspiré une extrême aversion pour l'esprit du monde, si contraire à l'esprit de foi : « Le monde, disait-il, est le plus grand ennemi de Jésus-Christ. Le Sauveur a toujours désapprouvé sa vie, combattu ses lois, condamné ses maximes infiniment opposées à la doctrine qu'il est venu publier sur la terre. — Chaque fois qu'on va parmi les hommes, ajoutait-il, on en revient plus homme qu'auparavant. L'esprit de Dieu ne se trouve point parmi ceux qui sont pleins du monde et de ses nouveautés. »

Pénétré de ces maximes, il regardait la mondanité comme un poison meurtrier de la foi; il la croyait plus délétère que les passions mauvaises et que les péchés les plus grossiers. Elle s'infiltre, en effet, jusqu'au plus intime de l'âme et l'imbibe jusque dans ses profondeurs. Elle affaiblit de plus en plus la pensée de la présence de Dieu; elle diminue l'idée de sa souveraine autorité; elle ébranle la foi à l'autorité de l'Église. Aussi le vénérable Instituteur n'avait rien plus à cœur que d'en éloigner ses confrères et ses enfants spirituels.

Il leur défendait les visites inutiles et les conversations frivoles. Il leur interdisait les termes exagérés et les manières de parler usitées dans le monde : « Il vous est échappé dans votre lettre, écrivit-il à une religieuse dont il avait la direction, une expression du monde, *baise-main*. Vous ferez pour cela un quart d'heure d'oraison et vous baiserez autant de fois la terre qu'il y a de mots dans cette phrase : *Ils ne sont point du monde.* »

Les modes pour les habits, les meubles, les manières d'agir, lui étaient en horreur, surtout dans les prêtres : « Cet assujettissement insensé, disait-il, est bien plus coupable encore dans les prêtres, qui sont le sel de la terre et qui ne doivent pas, à l'exemple des fous, changer comme la lune. Quel désordre ne serait-ce pas si l'on voyait les gouverneurs d'une ville suivre un fou qui courrait les rues, s'habiller comme lui et faire les mêmes gestes ! »

Il écrivait un jour à Mme de Camilly au sujet de sa fille : « Prenez garde qu'elle ne considère un peu trop son ennemi qui est le monde ; prêchez-lui souvent la haine de ses vanités et de ses modes. »

Mais s'il avait vidé son cœur de l'esprit du monde, ce n'avait été que pour le remplir de l'esprit de Dieu. S'il voulait être mort aux créatures, ce n'était que pour vivre de la vie divine. Il en fit un jour la confidence à un de ses enfants, en l'assurant qu'il ne perdait jamais de vue la présence de Dieu, et que, par une grâce particulière, il lui rapportait toutes ses actions, même les plus communes.

Une de ses invocations ordinaires était : « Bon JÉSUS, rien pour moi, rien pour le monde, mais tout pour vous, ô mon Sauveur. » Il conseillait de dire au réveil : « Je renonce à Satan, et je m'attache à vous, mon JÉSUS ; » et il n'est pas douteux que ce ne fût là une de ses pratiques journalières. Quiconque parcourra le *Manuel des Eudistes* ou tout autre ouvrage du serviteur de Dieu, verra comment il savait sanctifier ainsi toutes les circonstances de sa vie, le sommeil comme le travail, la santé comme les maladies, le repos comme les voyages.

Mais si la foi du V. P. Eudes était si pratique, elle n'était pas moins ardente. Quel zèle en effet ne montra-t-il pas pour la propagation de l'Évangile et pour la défense de la saine doctrine ! S'il entreprit tant de missions dans les villes et dans les campagnes ; s'il aimait à faire le catéchisme aux enfants; s'il travaillait avec un tel dévouement à la conversion des hérétiques, que l'on compta trente et quarante abjurations à la clôture de certaines missions, ce fut peu selon lui. Il eût voulu porter partout la parole évangélique, répandre son sang pour affirmer sa foi, comme le prouve ce vœu, dont il avait écrit les dernières lignes de son sang : « O mon Seigneur, s'il se présentait une occasion, en laquelle je fusse obligé ou de mourir ou de renoncer à votre sainte foi, ou bien de faire quelque chose d'important contre votre divine volonté, je vous fais vœu et promesse, autant ferme et constante qu'il m'est possible, me confiant en votre divine bonté et en l'aide de votre grâce, de vous confesser, reconnaître, adorer et glorifier devant tout le monde, au prix de mon sang, de ma vie et de tous les martyres et tourments imaginables, et de souffrir plutôt mille morts, avec tous les supplices de la terre et de l'enfer que de vous nier ou de rien faire d'importance contre votre sainte volonté... »

La vivacité de sa foi nous est encore prouvée par son zèle contre les novateurs. Ce fut même par cette ardeur à les poursuivre, qu'il s'attira toute leur haine, et qu'à défaut du martyre de sang, il subit le martyre de la persécution pendant toute sa vie. Il disait ouvertement que « lui et ceux de sa Congrégation étaient aussi éloignés du Jansénisme que le ciel l'est de l'enfer ; qu'ils y étaient plus opposés que le feu ne l'est à l'eau ; que le plus grand malheur qui pût arriver à une ville et à un diocèse, serait de donner la conduite du séminaire à des personnes, qui fussent infectées de cette mauvaise doctrine. »

Mgr de Nesmond, évêque de Bayeux, l'avait un jour fait monter dans sa voiture avec un prêtre, qu'il lui dit être un Janséniste : « Ah ! Monseigneur, s'écria le P. Eudes, permettez-moi de descendre, s'il vous plaît ; cocher, arrêtez. — Non, je le défends, » répartit le prélat, qui s'amusait de l'embarras du saint homme.

Cette répulsion pour les novateurs nous explique comment il a pu, dans ses nombreux écrits, se défendre entièrement de toutes les idées nouvelles, qui se glissaient alors partout, qui pénétrèrent dans l'Oratoire, comme dans beaucoup d'autres communautés, et qui ont laissé derrière elles des traces à peine effacées. Tous les ouvrages du P. Eudes ont été soumis, à Rome, au plus minutieux examen et n'ont servi qu'à faire ressortir la pureté de sa foi. Rien ne le prouve mieux, du reste, et n'est plus glorieux pour notre saint apôtre, que ce décret rendu par la sacrée Congrégation des Rites, en 1882 : « *Ex documentis productis minime inferri potest V. S. D. Eudes gallicanismi doctrinis quomodocumque indulsisse, proinde nihil obstat quominus procedi possit ad ulteriora.* — Des documents soumis à la sacrée Congrégation des Rites, il est absolument impossible d'inférer que le V. Serviteur de Dieu, Jean Eudes, ait en quoi que ce soit penché vers les doctrines du Gallicanisme. Par suite, rien ne s'oppose à ce qu'on ne puisse passer à des procédures ultérieures. »

Espérance.

SI le P. Eudes était animé d'une foi si vive, il l'était aussi d'une ferme espérance. Nous le voyons encore dans son excellent livre du *Contrat de l'homme avec Dieu par le saint baptême*, où il nous rappelle, en même temps que nos obligations et nos engagements, les promesses d'un Dieu, la Vérité même. Nous en avons une autre preuve dans son horreur pour la doctrine janséniste. Il lui répugnait de voir mettre des bornes à la bonté, à la miséricorde, à l'amour de Dieu, et cet ardent missionnaire

aimait à prêcher l'amour et l'espérance, à montrer
Jésus-Christ, en croix, les bras largement étendus
vers les extrémités de la terre, le Cœur ouvert pour
tous les hommes; à présenter les deux Cœurs de
Jésus et de Marie comme deux fontaines de grâces
et deux sources d'espérance.

Ouvrons plutôt les offices qu'il a composés pour
les fêtes de ces divins Cœurs : « Écoutez-moi, y dit
le bon Maître, écoutez-moi, maison de Jacob, et vous
qui êtes restés de la maison d'Israël, vous que je
porte dans mon sein et que je renferme dans mes
entrailles ; je vous porterai moi-même jusqu'à la
vieillesse, je vous porterai jusqu'à l'âge le plus
avancé ; je vous ai créés et je vous soutiendrai, je
vous porterai et je vous sauverai. » Et encore :
« Une mère peut-elle oublier son enfant, et n'avoir
point compassion du fils qu'elle a porté dans son
sein ? Mais quand même elle l'oublierait, pour moi
je ne vous oublierai jamais. »

Le P. Eudes espérait pour la vie future la récompense promise au bon serviteur : « Je serai votre
récompense (Gen. XV, 1). » Dans sa dernière maladie
quelqu'un lui ayant demandé s'il ne craignait point
la mort et les jugements de Dieu : « J'en ai bien
sujet, répondit-il, mais j'espère aux miséricordes de
mon Dieu et aux mérites infinis de mon bon
Sauveur. J'espère dans la bonté de sa très sainte
Mère. »

Ce fut cette assurance d'une vie meilleure, qui le soutint dans ses entreprises, qui le détacha de toutes les créatures, et lui adoucit toutes les amertumes de la vie : « Comment ne pas espérer, disait-il, est-ce que Jésus-Christ ne nous a pas été donné par le Père éternel pour être notre rédemption, notre justice notre vertu, notre sanctification, notre trésor, notre force, notre vie et notre tout ! » Et dans une autre circonstance : « Pourquoi Jésus-Christ a-t-il pris, dans les Livres sacrés, la qualité d'ami, d'avocat, de médecin, de pasteur, de frère, de père, d'époux de nos âmes ? Pourquoi nous y appelle-t-il ses ouailles, ses enfants, sa portion, son héritage, son âme et son cœur? N'est-ce point pour affermir notre confiance dans sa bonté ? »

Dans les peines, dans les tentations jamais il ne se laissait aller au découragement, mais il répétait : « Seigneur, j'ai espéré en vous et je ne serai point confondu. » Dans les fâcheuses extrémités où ses Instituts furent réduits, il ne perdit rien de sa confiance, mais, à l'exemple du Père des croyants, il espéra contre toute espérance.

Dans une de ces épreuves il écrivit au P. de Bonnefont : « Où trouvera-t-on un ami fidèle ? Ah ! c'est la chose du monde la plus facile. Aimons Jésus, fils de Marie, et Marie, Mère de Jésus : mettons toute notre confiance en eux, ils feront paraître leur puissance et leur bonté. »

Et une autre fois : « Perdons tout plutôt que de perdre un seul grain de la confiance que nous devons avoir dans l'incomparable bonté de JÉSUS et de Marie pour notre Congrégation, bonté dont ils nous ont donné tant de preuves. » Au même il écrivit encore : « J'espère beaucoup de votre affaire, puisqu'il s'y trouve tant de difficultés. Si dans les œuvres de Dieu, on se rebutait pour les obstacles et les difficultés, on ne ferait jamais rien. » Plus les affaires semblaient traversées, plus le P. Eudes avait d'espoir de les voir réussir ; il y va des intérêts de Dieu, disait-il, il les fera réussir selon sa sainte volonté. » La Providence prit plaisir à réaliser, au milieu des plus dures épreuves, les espérances qu'il avait conçues et à le récompenser de son aveugle confiance et de son filial abandon.

Charité.

LA charité, que JÉSUS-CHRIST appelle le plus grand des commandements, approchant le plus près de la divinité, dit saint Thomas, est la plus excellente des vertus. En effet aucune autre ne peut la remplacer : « Quand j'aurais toutes les vertus, dit à son tour saint Paul, si je n'ai la charité je ne suis rien. » Tous les saints ont donc fait briller cette vertu avec un certain éclat. Mais il en est des saints de l'Église de Dieu comme des étoiles du firmament, qui ne sont pas toutes semblables en grandeur et en lumière. Bien que la charité soit au fond le principe de toute sainteté, il n'en est pas moins vrai que chez un saint François Xavier elle s'est manifestée surtout par un zèle ardent, chez un saint François d'Assise par la pénitence, chez un saint Vincent de Paul par l'amour du prochain, chez un saint François de Sales par la douceur. Nous croyons que dans notre V. Serviteur de Dieu, le P. Eudes, la vertu qui a jeté le plus d'éclat extérieur, c'est l'amour de Dieu, un amour impétueux, insatiable, et particulièrement l'amour de Dieu par le Sacré-Cœur de Jésus et de Marie, comme nous l'avons exposé déjà, et comme le prouve l'attribut avec lequel on l'a toujours représenté, c'est-à-dire un cœur à la main.

Le P. Eudes aimait Dieu *corde magno et animo volenti*, comme il le dit, d'un grand cœur et de tout son vouloir. Il lui consacrait toutes ses pensées, toutes ses affections, toutes ses actions.

Toutes les pensées du P. Eudes étaient pour Dieu, et c'était devenu chez lui une pratique si familière, qu'il n'en était même pas distrait par les occupations extérieures.

La vue des créatures et de tous les objets de ce monde visible ne servait qu'à élever son esprit vers leur Auteur; il croyait les entendre lui crier: Amour pour Dieu qui est tout amour pour toi !

Toutes les affections du P. Eudes étaient pour

Dieu :«Ah! mon doux amour, disait-il, qui m'empê-
chera de vous aimer ? Sera-ce mon corps, je le
réduirai plutôt en poussière. Ou bien mes péchés
passés? Je les abîme dans la mer de votre sang; et avec
cela voici mon corps et mon âme, faites-moi souffrir
tout ce qu'il vous plaira pour les effacer entièrement,
afin qu'ils ne m'empêchent point de vous aimer.
Sera-ce le monde ou les créatures ? Je renonce de
tout mon pouvoir à toutes les affections sensibles
des choses créées: O amour! O amour! ou mourir ou
aimer, mais plutôt mourir et aimer. O amour !
O amour ! plus d'ingratitude, plus d'offense, plus
de péché, plus d'infidélité, plus rien qu'amour.»

Telles étaient les brûlantes exclamations qui
s'échappaient de son cœur. « O ciel, disait-il encore,
que tu es désirable ! C'est dans toi qu'on aime Dieu
parfaitement ; c'est dans toi que l'amour de Dieu
règne pleinement. C'est dans toi qu'on ne voit point
de cœur qui ne soit transformé dans ce divin amour.
O terre, ô monde, ô corps, prison obscure de mon
âme, que tu es insupportable ! Faudra-t-il encore
demeurer longtemps dans ce misérable exil, sur
cette terre étrangère et dans ce lieu de péché et de
malédiction ? Ne viendra-t-il pas bientôt ce jour,
cette heure, ce moment si désirable et tant de fois
désiré, auquel je commencerai à aimer très parfaitement mon Dieu ! Ah ! mon Dieu, ne vous aime-
rai-je donc jamais selon que je le désire !»

Pour multiplier ces citations, il suffirait d'ouvrir indifféremment un des ouvrages du P. Eudes, de transcrire ses lettres ou les offices qu'il a composés.

Enfin le V. P. Eudes consacrait à Dieu toutes ses actions. Ce ne sont pas seulement ses travaux incessants, ses prédications, ses courses apostoliques, ses heures passées au confessionnal ou dans l'accomplissement de ses devoirs de prêtre ou de chrétien ; mais ce sont les actions les plus communes, comme le boire et le manger, « dont il faut faire, disait-il, autant d'actes de louange à la Très Sainte Trinité, pour nous avoir donné un Homme-Dieu Jésus, et Marie à faire avec nous les mêmes actions sur la terre. »

Il renouvelait sans cesse à Dieu cette offrande de toutes ses actions, qu'il voulait conformer à son bon plaisir : « Vive Jésus, disait-il souvent, vive la très sainte volonté de mon Jésus ! que la mienne soit détruite et que la sienne règne et soit accomplie sur la terre comme au ciel. »

S'il commençait un travail, c'était par cette prière : « Mon Dieu, je veux, s'il vous plaît, mettre tout mon contentement à faire ceci, parce que c'est votre volonté. »

Quand il fut question d'acheter une maison pour le séminaire de Caen ; après avoir prescrit à ses confrères la célébration de trois neuvaines de Messes, il leur distribua des billets portant écrits, d'un côté une prière aux SS. Cœurs de Jésus et de Marie, de l'autre ces mots : Je vous demande, Seigneur, et je désire de tout mon cœur que votre très louable volonté s'accomplisse en moi et dans toutes les créatures, suivant votre bon plaisir. » Il demanda que ces paroles fussent portées sur le cœur avec l'intention de se donner, à chaque respiration, à la divine volonté.

C'est dans le même esprit, qu'il a recommandé à ses enfants de commencer toujours leurs lettres par ces mots: *Que la volonté de Dieu soit notre conduite en toutes choses.* Elle était assurément la règle de la sienne, puisqu'il s'était même engagé par vœu à faire, du moins dans les choses de conséquence, tout ce qu'il saurait être le plus conforme à la divine volonté.

Aimer Dieu, le faire aimer, telle était son unique ambition. S'il rencontrait quelque personne pieuse de sa connaissance, sa première question était ordinairement : « Eh bien ! aime-t-on le bon Dieu ? » Rien ne le contristait plus que de voir le peu d'amour que les hommes avaient pour Dieu. Quand il rendait quelque service, il ne demandait pour récompense qu'un peu de cet amour.

Il eût voulu que toutes les créatures même inanimées fussent autant de cœurs pour aimer Dieu et de langues pour chanter ses louanges. Il les voyait toutes couvertes de ses beautés et de ses bontés. Il lui semblait que le Créateur avait écrit sur chaque objet : « Amour, amour, amour pour Dieu, qui est tout amour pour nous ! »

Mais ce fut dans le cœur de ses enfants surtout qu'il voulut faire régner l'amour divin : « La Règle des règles, dit-il dans ses Constitutions, c'est la charité. L'unique fin des enfants de la Congrégation de JÉSUS et Marie, leur seule intention dans toutes leurs actions et exercices sera de les faire, non par la crainte des châtiments, ni par le désir des récompenses, ni pour le mérite, ni pour leur propre satisfaction, ni pour contenter les hommes, mais pour la seule gloire de Dieu, pour lui plaire et pour accomplir sa très sainte volonté. »

S'il n'a point prescrit de vœux aux membres de sa Congrégation, s'il ne leur a pas imposé de règles sous peine de péché, c'est pour les faire agir par amour pour Dieu. « Les vrais enfants de la Congrégation, dit-il, ne devront pas pour cela avoir moins de zèle et d'affection à garder ces règles, afin d'exercer par ce moyen l'amour que nous devons porter à Dieu. S'il y avait obligation, sous peine de mort et de damnation éternelle, de garder ces Constitutions, nous le ferions sans doute, et ce serait la crainte qui nous porterait à le faire. Or le Saint-Esprit nous dit que l'amour est fort comme la mort et le zèle dur comme l'enfer. C'est pourquoi, si nous aimons Dieu véritablement, si nous avons du zèle pour sa gloire, nous les observerons avec autant de soin et d'exactitude, pour l'amour de lui, et afin qu'il soit glorifié dans la Congrégation, que nous le ferions par crainte de la mort et de l'enfer. »

Religion.

LA vertu de Religion découle tout naturellement des vertus théologales, qu'elle suppose et dont elle est la conséquence nécessaire. Par elle nous rendons à Dieu le culte et la révérence qui lui sont dus ; nous respectons les personnes et les choses qui nous en rappellent le souvenir.

Le P. Eudes, au chapitre de ses Constitutions où il traite de cette vertu, commence ainsi : « On exercera la vertu de Religion, premièrement et principalement au regard de la Très-Sainte-Trinité, la considérant et adorant comme l'origine et le centre de toutes choses, comme l'exemplaire de toutes les saintes Communautés... Toutes et quantes fois que l'on prononcera ou que l'on entendra prononcer le nom auguste de la Très-Sainte-Trinité, on se découvrira, ou, si l'on est découvert, on s'inclinera par hommage à ce grand mystère. »

Il avait aussi un amour et un respect particuliers pour Notre-Seigneur JÉSUS-CHRIST et pour les Mystères de sa vie et de sa mort. Il aimait à redire cette petite prière : « O JÉSUS, soyez toujours JÉSUS, et je serai toujours content, quoi qu'il me puisse arriver. » C'est dans le même sens qu'il écrivait un jour à une religieuse : « Ce n'est point dans les choses créées et périssables qu'il faut prendre votre joie, mais c'est en Jésus, notre Sauveur. C'est lui qui est mon tout, je ne veux plus rien que lui. Adieu tout le reste, mon Jésus est mon tout, et je veux être tout à lui. »

Quel affectueux respect pour le saint Nom de Jésus dans ces paroles du P. Eudes : « Tant que le cœur me battra dans la poitrine, tant que ma langue pourra se remuer pour parler et ma main pour écrire, je ne prêcherai, je n'écrirai jamais autre chose que Jésus, et je ne veux avoir de vie, ni d'esprit, de langue, ni de plume, que pour annoncer de bouche et par écrit les merveilles et les miséricordes de ce glorieux Nom. Ah ! qui me donnera une langue et une plume séraphique et divine pour prononcer et pour écrire dignement ce Nom divin ? » Guidé par ces sentiments, le P. Eudes composa pour la fête du saint Nom de Jésus un office entier, dont les hymnes sont d'une suavité sans pareille.

Plein de dévotion pour les Mystères de la vie de Notre-Seigneur, il partageait l'année en diverses époques où il honorait quelqu'un des états de sa vie cachée ou de sa vie publique.

Un jour qu'il parlait de sa divine Enfance, il s'écria : « Que n'est-il en mon pouvoir, ô saint

Enfant JÉSUS, de vous cacher à tous les Hérodes, qui ne vous cherchent que pour vous massacrer !... Il est vrai, ajouta-t-il, qu'il n'y en a pas ici, mais il y en a bien trop ailleurs ! »

Il consacrait tous les vendredis au Mystère de la Passion et de la Mort de Notre-Seigneur ; il portait toujours sur lui le crucifix et le baisait amoureusement ; il réunissait le Vendredi-Saint sa Communauté, pour rendre les derniers devoirs à JÉSUS expirant sur la croix.

Il conserva jusqu'à son dernier soupir, pour le Mystère de la divine Eucharistie, la révérence et l'amour de ses premières années. C'est devant le Saint-Sacrement qu'il allait chercher la consolation dans ses peines, épancher son cœur, et prendre conseil dans ses difficultés. Il exigeait pour ce divin Mystère le plus religieux et le plus profond respect. A la clôture de la mission de Saint-Lô, ayant remarqué sur une place, que traversait le Saint-Sacrement, une foule assez considérable restée debout, il s'écria avec une sainte indignation : « A genoux, vers de terre, qui n'êtes que de la boue, à la vue de votre Souverain ! » Aussitôt tout le monde s'agenouilla, bien que la place fût couverte de boue.

Ce fut dans le même esprit qu'il composa un livre sur la manière d'entendre et de servir la sainte Messe ; qu'il chargea dans ses missions un de ses

Pères d'apprendre aux enfants à la bien répondre et à se bien comporter dans l'église ; qu'il prêcha si souvent contre la mauvaise tenue dans le lieu saint et qu'il fit afficher aux portes de toutes ses chapelles des avertissements sur ce sujet.

Il est vrai de dire qu'à cette époque les églises n'étaient pas respectées ; nous en pouvons juger par les lignes suivantes extraites du *Royaume de* Jésus, par le P. Eudes : « Vous y voyez souvent des troupes de chiens jusqu'au pied des autels, troublant le service divin et contraignant par leurs aboiements les prédicateurs à se taire. Et non seulement personne n'a soin de les chasser, mais plusieurs les amènent avec eux dans les lieux saints, voire même il y en a qui les y apportent. » On comprend sans peine combien notre dévot Serviteur de Dieu était indigné de pareils désordres.

Plein de vénération pour toute personne consacrée à Dieu, il ne pouvait souffrir qu'un prêtre restât découvert en lui parlant. S'il en voyait un debout à ses sermons, il s'arrêtait et demandait qu'on lui fît place.

Nous avons déjà pu nous convaincre de la dévotion extraordinaire du P. Eudes pour la Sainte Vierge, qu'il nommait sa *bonne Maîtresse, la Mère de belle dilection*. Il en portait le chapelet à la ceinture, pour l'avoir ainsi toujours sous la main. Il en baisait souvent les médailles, et quelqu'un lui en demandant un jour la raison : « C'est, dit-il en riant, que je fais l'amour. Les amants passionnés ne se lassent point de caresser une beauté fragile, qui n'est qu'imaginaire ou empruntée ; que ne dois-je point faire pour une aussi bonne et aussi belle maîtresse que la mienne? »

Il disait parfois : « Si je connaissais une personne aimant Marie plus que je ne l'aime, fût-elle à cent lieues, j'irais la trouver pour apprendre d'elle à l'aimer davantage. » Nous l'avons vu, dès son enfance, membre d'une congrégation de la Sainte-Vierge. Il voulut plus tard célébrer sa première messe dans une chapelle dédiée à la Mère de Dieu ; ce fut au pied d'un autel de la Reine du ciel qu'il réunit, à Notre-Dame de la Délivrande, les membres de sa nouvelle Congrégation.

Pour honorer Marie et pour propager son culte, il adopta dans ses maisons, avec l'autorisation des Ordinaires, toutes les fêtes célébrées en son honneur dans l'Église ; il composa des offices particuliers pour chacune de ses fêtes ; et il prescrivit à ses confrères de ne prêcher aucune mission, sans parler de la dévotion à la Mère admirable.

D'un autre côté, pour inspirer cette dévotion à ses enfants, il leur ordonna de terminer toutes leurs prières par la strophe : *Monstra te esse matrem......* répétée trois fois ; et d'avoir dans leur chambre une image de la Mère de Dieu, surtout une image la représentant avec son divin Fils (¹).

Le même zèle lui fit restaurer dans ses missions plusieurs chapelles de la sainte Vierge. Le premier il fit construire une église consacrée au Cœur de Marie; ce fut à Coutances et il inscrivit au frontispice : « *Fundavit eam Mater Altissimi,* la Mère du Très-Haut a fondé cette église». En outre il composa en l'honneur de la Sainte Vierge une salutation restée en usage parmi ses enfants, et commençant par ces mots : *Ave, Maria, filia Dei Patris.....* Elle fut trouvée après sa mort écrite en entier de son sang.

Un fait remarquable, qui se passa en 1670, trouve ici tout naturellement sa place. Le P. Eudes faisant une visite chez les Ursulines de Lisieux, s'était prosterné, suivant sa coutume, devant toutes les statues de Notre-Dame, qu'il avait rencontrées dans la maison. Il s'entretenait avec la Supérieure de la protection que cette bonne Mère accorde à ceux qui la servent, quand il demeura près d'un quart d'heure en extase.

Lorsqu'il eut recouvré ses sens : « Mon Révérend Père, lui dit la Supérieure, la bonne Vierge est venue là ?—Il est vrai,» répondit le P. Eudes. Puis il

---

1. On rapporte qu'il citait souvent ce beau distique :

Pingenti solam sine Nato Mater aiebat ;
Me sine me potius pinge, dolebo minus.

Me peindre sans mon Fils, disait l'aimable Mère,
Oh ! c'est bien mal comprendre et mon cœur et ma foi ;
Je ne suis moi pourtant que par ce haut mystère,
Et je me plaindrais moins qu'on me peignît sans moi.

ajouta qu'aussitôt qu'elle approchait de lui, il était ravi et qu'elle lui donnait alors les noms de serviteur, de fils, de père, d'époux avec une inexplicable bonté. Mais craignant d'en avoir trop dit, il recommanda un secret absolu, que la M. Renée de Sainte-Agnès se crut obligée de garder pendant toute la vie du V. Serviteur de Dieu.

Il avait toujours souhaité mourir dans un jour consacré à Marie. Il mourut en effet dans l'octave de l'Assomption, et il porta, comme il l'avait désiré, les livrées de cette bonne Mère, jusque dans le tombeau. « Je supplie mes très chers frères, avait-il écrit dans son testament, de m'enterrer avec le petit habit blanc de ma divine Mère, y compris la ceinture de soie blanche et le cœur portant une croix de soie rouge, comme aussi avec l'aube que j'ai marquée pour cela ; avec le saint scapulaire et le même rosaire que la sœur Marie m'a donné ; avec l'original de mon testament, dont cette copie restera ; avec le contrat d'alliance que j'ai fait avec la B. Vierge, et surtout avec sa sainte image, qui est faite en partie de saintes reliques, et qui est dans une petite niche de cuivre doré. »

Après la sainte Vierge, il avait une grande dévotion pour les saints Anges, qu'il appelait les grands du ciel, les princes de la cour céleste. Il honorait spécialement l'archange saint Gabriel, à cause des rapports intimes qu'il avait eus avec Notre-Seigneur et avec sa très sainte Mère. Il priait aussi avec une grande ferveur son Ange gardien, les Anges protecteurs des paroisses où il donnait des missions, et des lieux par où il passait.

Parmi les saints, il vénérait plus spécialement ceux qui avaient appartenu à la sainte famille de Jésus ou qui l'avaient approché pendant sa vie conversante, entre autres, saint Joseph, pour lequel il composa une salutation que les Eudistes récitent chaque soir; saint Joachim et sainte Anne, père et mère de la sainte Vierge ; saint Lazare, ami de Notre-Seigneur ; saint Jean l'évangéliste, son patron et notre représentant sur le Calvaire ; les saints prêtres et les apôtres, dont les exemples lui semblaient plus profitables aux membres de sa Congrégation.

Cette vénération, il l'étendait aux saintes Reliques, surtout à celles des martyrs, cherchant à réparer ainsi les profanations, dont elles avaient été l'objet au siècle précédent. Non seulement il en portait constamment sur lui, mais il s'efforça d'en procurer à toutes ses maisons, comme le plus précieux des trésors, qu'il commandait de garder sous triple serrure, de peur qu'il en fût rien distrait. Dans leurs voyages à Rome, les PP. de Bonnefont et Mannoury se procurèrent des reliques, qui firent plus de plaisir au P. Eudes que toutes les richesses du monde. Pour les honorer, il établit dans sa Congrégation une fête solennelle et composa une messe et un office propres.

CHAPITRE II.

« DONNEZ-MOI une âme, qui soit vraiment humble, disait le P. Eudes, je dirai qu'elle est vraiment sainte ; si elle est grandement humble, elle est grandement sainte ; si elle est très humble, elle est très sainte et ornée de toutes sortes de vertus. »

C'est en effet l'humilité qui est le fondement des autres vertus et qui fait le caractère propre du chrétien. C'est la soumission à Dieu de l'homme tout entier, de son esprit, qui reconnaît son néant et son abjection ; de son cœur, qui loin de s'en affliger aime cette bassesse et remercie son bienfaiteur. Rien ne saurait donc être plus agréable à Dieu que cette vertu, qui se compose de la vérité jointe à la reconnaissance.

Pour rester dans cet ordre d'idées, nous dirons que le P. Eudes comprenait son néant et qu'il aimait les humiliations. Il savait qu'il n'était rien par lui-même ; il le répétait chaque matin et il inspirait les mêmes sentiments à tous ses confrères en leur faisant dire avec lui : « Seigneur JÉSUS-CHRIST, nous ne sommes rien, nous ne pouvons rien, nous ne valons rien, nous n'avons rien que le péché ; nous sommes des serviteurs inutiles, enfants de colère par nature, les derniers des hommes et les premiers des pécheurs : à nous donc confusion et ignominie, à vous honneur et gloire dans les siècles des siècles. Ainsi soit-il. »

S'il parlait ainsi, c'est qu'il sentait sa faiblesse. « Il n'y a aucun esprit capable de comprendre mon indignité, disait-il, sinon le seul esprit de Dieu, et il ne peut m'arriver aucun mal, de quelque côté qu'il vienne, que je ne mérite infiniment davantage.

Jamais il ne se préférait à personne, même aux plus grands pécheurs : « S'ils eussent reçu les mêmes grâces que moi, disait-il, ils auraient été incomparablement meilleurs. Si Dieu m'avait abandonné à moi-même, le péché eût exercé sur moi la même tyrannie qu'il exerce sur les démons. »

Ainsi parlait et pensait en même temps le P. Eudes ; il le fit bien voir en recherchant sans cesse les humiliations et en repoussant les honneurs. Prêchant une retraite dans une communauté de Paris, il remarqua toute l'estime que l'on faisait de lui. Il en fut humilié et laissa sur la table de sa chambre un écrit, où il se traitait de villageois, de fils de paysan. Pendant une mission à Valognes, un peintre fut envoyé pour tirer son portrait ; le P. Eudes en fut contristé et s'empressa de congédier l'artiste.

Mais la gloire est comme l'ombre, elle s'attache à ceux qui la fuient. L'évêque d'Évreux, Mgr de

Maupas, conçut le projet de le prendre pour coadjuteur et fit des démarches auprès du Roi, qui crut plus avantageux de le laisser appliqué aux missions. La correspondance du P. Eudes en cette occasion nous fait voir son humilité et le désir qu'il avait de rester dans une position moins brillante : « La crainte, écrivait-il, que j'ai eue jusqu'ici de résister à la volonté de Dieu, dans la chose que vous savez, Monsieur, m'a obligé de souffrir ce qu'on a dit et fait pour cela. Mais enfin la vue très claire que j'ai de ma grande, de ma très grande, de ma très infinie indignité et l'appréhension de me voir engagé à répondre devant Dieu du salut de tant d'âmes, me poussent et me forcent, Monsieur, à déclarer hautement et du fond de mon cœur, que je ne veux point d'autre bénéfice que celui choisi par mon Sauveur, c'est-à-dire sa Croix.... »

Si les honneurs et l'estime causaient son effroi, les rebuts et les humiliations étaient au contraire pour lui pleins de charmes. Il fut enchanté d'apprendre un jour, qu'un seigneur, à la porte duquel il était allé frapper, avait répondu : « Dites à cet homme que je ne veux point entendre parler de lui et que j'aimerais mieux le voir pendu à un gibet que de le savoir à ma porte. »

Ces humbles sentiments qu'il avait de lui-même, il les avait aussi de toutes ses œuvres, même de sa Congrégation, prescrivant à ses confrères de l'estimer moins que toutes les autres, quoiqu'ils dussent l'aimer davantage.

Pureté.

S'IL est vrai que l'homme s'éloigne de Dieu en s'élevant par l'orgueil, il s'en écarte également en s'abaissant par la sensualité. Du reste l'expérience prouve que ces deux défauts ont une relation intime; car celui qui veut se passer de Dieu, fait de bonne heure l'épreuve de sa faiblesse et roule dans la fange. Celui qui s'élève se trouve abaissé. Au contraire celui qui s'abaisse est bientôt élevé par Dieu, qui donne sa grâce aux humbles et les rend ainsi maîtres de toutes leurs mauvaises passions.

Le P. Eudes avait su tellement, avec la grâce céleste, dominer tous ses sens, que parmi ses insulteurs, qui l'ont calomnié de toutes manières, aucun n'a osé émettre de soupçon sur sa chasteté. Nous avons vu que dès l'âge de quatorze ans il en avait fait le vœu, et qu'il avait ensuite dédaigné un parti fort avantageux. Telle était d'ailleurs sa circonspection, qu'il refusait d'embrasser sa belle-sœur, alléguant qu'il ne se donnait même pas cette liberté avec sa mère. Jamais on ne le voyait s'arrêter avec des femmes; il ne les recevait que dans un appartement ouvert à tous, et par sa modestie il leur inspirait une grande retenue et une sorte de vénération.

Il lui arriva un jour de dire dans la conversation que, depuis vingt-cinq ans qu'il était prêtre, il n'avait jamais sans nécessité regardé personne dans l'église. Puis craignant d'avoir donné une trop bonne opinion de lui, il ajouta : « Cela n'est rien ; cependant je vous le dis, pour vous faire voir qu'il est facile d'en faire autant quand on veut. »

Pour préserver aussi ses enfants des apparences même du mal, il défendit de laisser entrer les femmes dans la communauté, excepté les princesses ou les bienfaitrices signalées, et celles-ci mêmes n'y peuvent entrer seules. Un appartement exposé à la vue doit se trouver près de la porte, pour recevoir les autres personnes.

Il consacre un chapitre de ses Constitutions à tracer les règles les plus minutieuses et les plus sages pour la conservation de la vertu angélique, et il le termine par ces lignes : « Enfin les supérieurs auront un soin et une vigilance extraordinaires pour empêcher que le monstre horrible de l'impudicité ne trouve aucune place dans la Congrégation. »

Puis il passe à *la Sobriété*. Ce fut en effet le principal moyen qu'il employa pour garder la chasteté, sachant que le défaut contraire est l'amorce ordinaire du vice impur.

Il n'usait jamais que de viandes communes, et il prescrivait à ses confrères de se contenter aussi du strict nécessaire. Dans la mission de Valognes, le

Frère avait servi du poisson un vendredi soir, le
P. Eudes l'en reprit fortement et lui ordonna de ne
jamais mettre sur la table pour ce repas que des œufs
ou des légumes. Le P. Manchon, son meilleur missionnaire, ayant un jour dit en riant qu'il avait pris
quelques fraises, en se promenant dans le jardin
après le dîner : « Ce n'est pas faute légère, répartit
aussitôt le P. Eudes ; ne manquez pas d'en faire
pénitence et de vous en humilier. » Il défendait
aussi qu'on s'occupât après le repas de ce qui avait
été servi ou qu'on allât jamais voir à la cuisine ce
qui s'y préparait.

Ce fut en mortifiant de la sorte le goût, la vue et
tous ses sens extérieurs, ainsi que l'imagination et la
curiosité, qu'il put conserver dans sa chair mortelle
la pureté d'un ange.

Amour du prochain.

LE P. Eudes, quoique d'un abord et d'une conversation habituellement graves, montrait une
grande affabilité, spécialement avec ses confrères. Il
se les attachait par l'affection vive et toute chrétienne
qu'il leur témoignait.

Il posa cette charité fraternelle comme fondement
de sa Congrégation: « Elle doit, dit-il, en être l'âme
qui l'anime, la conduise et la régisse en toutes
choses. » Dans le désir de l'y voir régner, il consacra
cinq chapitres de ses Constitutions aux moyens de

l'entretenir entre les maisons et entre leurs membres.

Lui-même si prodigue de sa vie, si imprudent lorsqu'il s'agissait de porter secours aux pestiférés, veillait avec un soin maternel sur ses enfants, pendant la maladie : « J'attendais tous les jours de vos nouvelles, mon très cher Frère, écrivit-il au supérieur du séminaire de Rouen, car je suis fort en peine de vous et de tous nos chers frères, depuis le plus grand jusques au plus petit. Nous faisons tous les jours des prières pour vous, et j'ai écrit à tous nos maisons, afin qu'on fasse de même, pour vous mettre sous la protection de la très sainte Vierge.... »

La même sollicitude le faisait écrire au supérieur d'une mission : « Je vous recommande aussi la santé de nos chers frères ; et à cette fin, faites en sorte que tous viennent de l'église à la même heure, pour prendre leur réfection en même temps ; que ceux qui sont incommodés disent la messe du matin, et surtout qu'on se retire à neuf heures du soir, afin de prendre le repos, qui est nécessaire. »

Les malades étaient tout spécialement l'objet de sa tendresse ; il voulait qu'on n'épargnât rien pour les soulager. Il disait qu'il faudrait au besoin vendre même l'argenterie de l'église pour leur venir en aide: « Mon très cher Frère, ne vous inquiétez pas, dit-il un jour à un malade, s'il faut vendre les calices pour vous guérir, on le fera. »

Il désirait même qu'on les divertît, qu'on les

changeât d'air, qu'on eût pour eux toutes sortes de prévenances délicates.

Mais s'il avait une affection si grande pour ses frères souffrants, nous voyons qu'il n'en avait pas moins pour les malades étrangers, quand il pouvait leur porter secours. Il est inutile de redire ici ce qu'il fit dans son pays natal et à Caen pour les pestiférés.

La charité du P. Eudes à l'égard des pauvres était aussi bien remarquable. C'est aux pauvres qu'il aimait à donner l'assistance spirituelle ; toutes ses préférences étaient pour eux. Il était heureux de voir ses confrères confesser les pauvres plutôt que les riches : « Ceux-ci, disait-il, trouvent assez de directeurs ; il y a presse à qui le sera ; au contraire ceux-là sont abandonnés pour l'âme aussi bien que pour le corps. » Entendant un jour un de ses missionnaires dire qu'il n'était point sorti du confessionnal depuis six heures jusqu'à onze heures, il lui demanda : « Avez-vous confessé beaucoup de pauvres ? » — « Mon Père, je n'en ai pas entendu d'autres ; mon confessionnal étant tout proche de la porte, il ne s'y arrêtait que des pauvres. » — « Béni soyez-vous, ajouta le P. Eudes, Dieu sera votre récompense. »

Mais s'il veillait avec soin à procurer aux pauvres les secours spirituels, il n'était pas moins vigilant pour leurs besoins matériels. Il savait se priver pour eux, et il avait coutume de dire : « Quand on a le cœur plein de charité pour les pauvres, on trouve assez de moyens de les assister.» Il ordonna dans ses Constitutions de faire dîner le dimanche et le jeudi de chaque semaine un pauvre à la Communauté et douze ensemble plusieurs fois dans l'année; lui-même se faisait alors une fête de les servir.

A Caen, il donnait publiquement l'aumône deux fois par semaine, et tous les vendredis il envoyait deux de ses prêtres ou de ses ordinands visiter l'hôpital ou la prison. A diverses reprises, à Paris et à Caen, on eut recours à lui pour obtenir, par des sermons de charité, des aumônes pour les pauvres et pour les hôpitaux; toujours il s'y prêta avec le plus grand empressement et avec un plein succès.

La charité du P. Eudes allait plus loin, elle s'exerçait même en faveur de ses persécuteurs et de ses ennemis.

Non seulement il pardonnait à ses calomniateurs, mais il les appelait ses *bons amis*. Il n'a jamais reçu d'offense, sans prier et sans faire prier pour ceux qui l'avaient injurié.

Voici dans quels termes il commence la liste des fondateurs et des bienfaiteurs signalés de sa Congrégation : « Tous ceux qui nous ont été contraires et qui nous ont traversés ou affligés, nous les mettons au rang de nos bienfaiteurs signalés et même de nos fondateurs, parce qu'ils nous ont aidés à nous humilier et à nous mortifier, et qu'ils nous ont donné le moyen de nous enrichir des grâces et des bénédictions célestes, par la pratique de plusieurs vertus. » Voici en outre comment il s'exprime dans son Testament : « Je dis à mon Père céleste, du plus profond de mon cœur, pour tous ceux qui m'ont offensé, si toutefois on peut offenser un misérable pécheur, tel que moi : *Pater, dimitte illis, non enim sciunt quid faciunt.* »

Ayant ainsi de la reconnaissance pour ses persécuteurs, il ne pouvait manquer d'en avoir pour ceux qui lui faisaient du bien.

Chaque jour il priait et faisait prier pour les bienfaiteurs de ses instituts, et leurs noms se trouvent consignés sur un registre à la garde des supérieurs.

Nous avons encore des preuves de sa reconnaissance dans les passages suivants de ses Constitutions : « On dira pour les bienfaiteurs, dans chaque maison, un nombre de messes fixé par le visiteur. Chacun aura soin de se souvenir d'eux en son particulier en sa messe et en ses prières. On dira aussi tous les jours pour eux, à la fin de la prière du soir, un *Ave Maria*, en commun et tout haut. Ils seront participants de toutes les prières et bonnes œuvres qui, par la grâce de Dieu, se feront dans la Congrégation. A la mort des fondateurs on célébrera autant de messes et on dira autant de prières pour eux que pour ceux qui sont du corps de la Congrégation ; et à celle des bienfaiteurs et amis on dira aussi des messes et des prières, plus ou moins, selon les obligations qu'on leur aura. » Or nous lisons dans un autre chapitre: « Si quelqu'un du corps de la Congrégation vient à mourir, on le fera savoir au plus tôt à toutes les maisons, et chaque prêtre célébrera trois messes, dont l'intention principale sera pour le repos de son âme. Chaque clerc et chaque frère servant fera trois communions et dira un rosaire, en une ou plusieurs fois, pour la même intention. »

Ainsi le P. Eudes n'avait pour le prochain que des sentiments d'affection, de compassion et de reconnaissance; il fut toujours prêt à rendre service même à ses plus grands ennemis.

Patience.

IL est impossible de faire le bien, sans éprouver des contradictions et sans se voir en butte à des persécutions de toute sorte. L'histoire de tous les saints personnages qui vécurent dans le XVIIe siècle, nous en pourrait fournir des preuves. Le digne P. de Bérulle fut bafoué, montré au doigt dans les rues, lâchement calomnié, traité d'hérétique, accablé d'outrages en France, et noirci à Rome. Sainte Chantal souleva également contre elle toutes les passions mauvaises ; on la calomnia, on fit sur elle des chansons, on écrivit des libelles diffamatoires. Saint Vincent de Paul fut aussi souvent traité comme son divin Maître, malgré toute sa charité pour le prochain. Il n'y eut pas jusqu'à saint François de Sales, cet homme si doux et si débonnaire, qui ne rencontrât des ennemis et des persécuteurs, censurant ses actions les plus saintes, le poursuivant de paroles acerbes et de propos désobligeants.

Il n'en pouvait être autrement du V. P. Eudes, qui toute sa vie fit une guerre acharnée aux passions, défendit avec zèle la saine doctrine contre les Huguenots et les Jansénistes, entreprit de réformer le clergé et d'arracher tant de pauvres âmes au vice et à la débauche.

Il excita naturellement contre lui la haine des hérétiques, des prêtres relâchés et des libertins. Il eut encore pour adversaires les Oratoriens, mécontents du départ d'un missionnaire si distingué, ou entraînés dans les nouveautés doctrinales dont le P. Eudes fut l'infatigable adversaire. Aussi nous ne saurions décrire toutes les attaques et les calomnies incessantes qu'il eut à subir, non plus que les obstacles suscités contre toutes ses œuvres. A chaque pas de sa vie, il trouva une croix nouvelle.

Dans ses missions, le serviteur de Dieu rencontra souvent des préventions et des cabales. Nous l'avons vu écrire de Plouër, qu'on le traitait d'antéchrist, de séducteur, de sorcier. C'est que le démon, prévoyant le bien qu'il devait faire, ne voulait pas abandonner la partie sans résistance. Quand il vint à Saint-Lô commencer une mission, il y trouva un émissaire des Jansénistes, dogmatisant et pervertissant les catholiques. Il le vit bientôt fuir par crainte de la controverse, mais après avoir pourtant prêché contre la mission et fait tous ses efforts pour décrier les missionnaires.

Dans ces circonstances, le P. Eudes conservait toute la tranquillité de son âme et ne répondait aux injures que par un plus grand zèle à prêcher la parole de Dieu. « On a vu des missions, dit le P. Martine, où tout le monde était tellement prévenu contre les missionnaires, que personne ne voulait les loger. On les avait tellement décriés qu'ils se voyaient en arrivant, la fable et le sujet des railleries de tout le canton. »

En établissant l'institut de Notre-Dame de Charité, le saint missionnaire eut aussi des difficultés de tous genres. A diverses reprises il se vit abandonné par celles-là mêmes, à qui il en avait confié la direction; désapprouvé des personnes prudentes suivant le monde, qui n'espéraient rien de créatures gâtées et inconstantes ; poursuivi par des libertins, furieux de se voir ravir les objets de leurs passions brutales. Mais le pieux Fondateur ne perdit pas courage. Il avait prévu toutes ces oppositions. Il n'ignorait pas que tel est le sort de toutes les saintes entreprises et que la croix en est le plus solide fondement.

Cependant il serait difficile de concevoir tout ce qu'il eut à souffrir. Des ennemis implacables le décrièrent tellement auprès de Mgr Molé, évêque de Bayeux, que ce prélat lui fit défense formelle de s'occuper de cette Communauté dont il était l'instituteur, et lui interdit l'entrée de la maison. Rien assurément ne pouvait être plus sensible au P. Eudes; mais il était tellement mort à lui-même qu'il ne se permit aucune récrimination.

Que d'oppositions ne rencontra-t-il pas également dans l'établissement de sa Congrégation! Après les murmures et les sourdes menées, vinrent les calomnies de toute nature. Il fut traité de fourbe, d'orgueilleux, d'esprit indépendant, et même de voleur. Ses anciens confrères et les novateurs soulevèrent contre lui une si violente tempête, qu'il se vit abandonné de presque tout le monde, et que ses enfants eux-mêmes craignirent un instant de voir sombrer la Congrégation. Mais le P. Eudes demeura inébranlable comme un rocher. Gardant une paix et une sérénité inaltérables au sein de toutes ces bourrasques, les yeux sur le crucifix, il continuait sa route avec calme.

« Qui pourrait dire, a-t-il écrit dans son Mémorial, tout ce qu'il a fallu souffrir pour l'établissement de la Congrégation, de toutes manières, de toutes parts et durant plus de trente-six-ans ? N'avons-nous pas été abandonnés pendant quelque temps de nos meilleurs amis ? N'avons-nous pas été noircis et calomniés par une infinité de libelles diffamatoires? Le monde et l'enfer ont fait tous leurs efforts pour anéantir cette petite Communauté dans sa naissance. Mais que peuvent toutes les forces de l'univers contre un ver de terre ou contre un atome, qui est dans la main du Tout-Puissant et sous la protection de la Reine du ciel ? Plus les œuvres de Dieu participent à la croix de son divin Fils, plus elles ont part aux grâces et aux bénédictions qui en procèdent. »

Le P. Eudes fut décrié au point de ne plus trouver de défenseurs ni d'appuis, et d'être rebuté partout. Un jour qu'il s'était rendu chez un officier pour solliciter une faveur, celui-ci le prenant par la main le conduisit au milieu de tous ses gens et le railla en leur présence, comme il eût fait pour un insensé. Mais le saint homme garda le silence, à l'exemple de son divin Maître, heureux d'avoir avec lui ce nouveau trait de ressemblance.

Cependant, de toutes les persécutions suscitées contre lui, aucune ne lui fut plus sensible que l'interdit jeté par Mgr Molé sur la chapelle des Eudistes à Caen. Il voyait menacée, par cette mesure de rigueur, l'existence même de sa Congrégation, que le prélat d'ailleurs se promettait d'anéantir. Il accepta cette nouvelle épreuve avec une entière soumission à la volonté divine : « Mon très cher frère, écrivit-il à

M. Manchon, c'est un orage qui passera. Si on vous signifie quelque chose, ne répondez rien. Si on vous commande de fermer la chapelle, fermez-la, et allez dire la messe où vous pourrez. Encouragez bien nos frères, exhortez-les à s'humilier devant Dieu, à mettre toute leur espérance en lui et dans sa très sainte Mère, à employer le plus de temps qu'on pourra devant le Saint-Sacrement, et envoyez quelqu'un à Notre-Dame de la Délivrande. »

Les ennemis du P. Eudes, non contents d'avoir soulevé contre lui une persécution aussi injuste, continuèrent à publier sur son compte des libelles diffamatoires. Engagé par le supérieur du séminaire de Rouen à se disculper, il répondit : « Votre zèle et votre bonté sont très louables, mais parce que je ne trouve point, dans le saint Évangile, que notre divin et adorable Maître ait employé la voie et les moyens que vous m'indiquez dans votre lettre, pour se défendre de l'injustice et de la cruauté des Juifs, je ne puis me résoudre à faire autre chose que de l'imiter dans sa patience et dans son silence, *Jesus autem tacebat*. Peut-être quelqu'un répondra au libelle. Quoi qu'il en soit, j'embrasse de tout mon cœur toutes les croix qu'il plaira à Dieu de me donner, et je le supplie très instamment de pardonner à ceux qui me persécutent. Le moindre de mes péchés en mérite mille fois plus. »

Quelques années plus tard il eut encore l'occasion

d'écrire : « Les croix ne me manquent pas en plusieurs manières. J'appris hier qu'il y a contre moi un nouveau libelle et de nouvelles calomnies : Dieu en soit béni ! Je le prie de faire de grands saints de tous mes calomniateurs ou pour mieux dire de tous mes grands bienfaiteurs. »

En 1674 et dans les années suivantes, un grand nombre d'écrits furent encore publiés contre ce saint prêtre, que l'on poursuivit jusqu'à sa mort. On l'y traitait de visionnaire, d'homme superstitieux, substituant de menues pratiques à une piété solide.

Toutes ces croix furent pour le pieux Serviteur de Dieu de nouvelles sources de mérites. « La grâce des grâces, disait-il, et la force des forces est la multitude des croix que mon très adorable Crucifié m'a données. Je souhaite qu'il en soit loué et glorifié éternellement. »

Mais si le P. Eudes fut si admirable de patience dans toutes ses peines intérieures, il ne le fut pas moins dans ses souffrances corporelles. Éprouvé par des maladies très graves, à diverses époques de sa vie, accablé d'infirmités et de douleurs dans ses dernières années, il se contentait de répéter : « Eh ! quoi donc, la divine volonté ne dispose-t-elle pas toutes choses de la meilleure manière ? Abandonnons-nous entièrement entre ses mains pour la santé et pour la maladie, pour la vie et pour la mort, pour le temps et pour l'éternité. »

CHAPITRE III.

VERTUS SACERDOTALES.

NOUS venons de voir, dans le P. Eudes, les vertus qui font le parfait chrétien. Nous pouvons également admirer en lui celles qui font le saint prêtre. Suivons-le donc un instant dans ses rapports avec Dieu et avec le prochain.

Rapports avec Dieu.

LE prêtre doit être un homme de prière ; car ce n'est que par la prière qu'il se détache des créatures, qu'il s'unit à Dieu, qu'il attire la grâce sur lui et sur son ministère. Sans oraison point de piété, comme le disait si bien le P. Eudes ; or que serait un prêtre sans piété ? « Si vous désirez savoir ce que c'est que la piété, disait-il un jour à des ecclésiastiques, exercez-vous à l'oraison mentale, et vous la connaîtrez et vous la posséderez bientôt. Mais tant que vous ne connaîtrez point l'oraison, vous ne connaîtrez point la véritable piété et vous ne serez pas propres à faire les fonctions ecclésiastiques, dont la fin est de détruire le péché et d'établir la vertu dans les âmes. »

Le P. Eudes consacrait à l'exercice de l'oraison une heure tous les matins, et il prescrivit à toutes ses maisons d'y employer le même temps. Informé qu'en un de ses séminaires l'autorité diocésaine ne voulait qu'une demi-heure de méditation pour les ordinands, il en fut contristé, et il écrivit au supérieur : « Sans oraison, mon très cher frère, il est impossible qu'une Congrégation puisse subsister dans l'esprit de piété et de vertu qui lui est nécessaire. Faire une demi-heure d'oraison et n'en point faire, c'est presque la même chose, et cependant il n'y a rien de plus nécessaire aux ecclésiastiques. Aussi je ne connais point de séminaires, où l'on n'en fasse pas une heure. Si l'on veut absolument établir une demi-heure d'oraison pour les séminaristes, je vous prie de faire en sorte que nos frères en fassent une heure entière ; autrement il vaudrait mieux que nous quittassions le séminaire. »

C'est dans l'oraison qu'il puisait la consolation et la patience dont il avait besoin au milieu de ses croix : « Mille ans des plaisirs du monde, disait-il, ne valent pas un moment des douceurs que goûte une âme en conversant avec Dieu dans l'oraison. Par cette sainte pratique elle le possède et elle est possédée par lui ; il prend en elle ses complaisances, et à son tour elle les prend en lui. — On ne rencontre, ajoutait-il, aucune amertume dans la conversation de la divine Sagesse, ni aucun ennui dans sa compagnie ; mais au contraire on y trouve la consolation et la joie. »

Quant à la récitation de l'office divin, il y attachait aussi tant d'importance, qu'il composa un
livre sur la manière de s'en bien acquitter : « Nous
récitons notre bréviaire extérieurement et quant à
l'écorce, disait-il parfois ; mais le disons-nous inté-
rieurement avec l'attention d'esprit et la dévotion
du cœur qui conviendraient ? » Jamais lui-même ne
récitait son office qu'après être resté quelques instants en silence afin de se recueillir et de se mettre
en la présence de Dieu. Pour prévenir la routine et
réagir contre le fastidieux entraînement de l'habitude, il employait et il enseignait à ses enfants
diverses méthodes et intentions.

Il exigeait la plus grande exactitude dans les
cérémonies extérieures : « Elles sont, disait-il, les
images de notre foi, les aiguillons de notre piété, les
marques et les symboles de notre religion. Mais par
ailleurs le prêtre doit être comme une statue dans sa
niche, mort à tout ce qui n'est pas Dieu, et n'avoir
de vie, de sentiment et d'attention que pour lui ! »

Il demandait en outre que le bréviaire fût récité
posément, et sans précipitation, ni anticipation,
disant souvent à ses confrères : « Je vous conjure,
surtout que les exercices qui regardent Dieu direc-
tement, comme le saint sacrifice de la messe, l'office
divin, les prières du matin et du soir, celles du *Bene-
dicite* et des Grâces, ne se fassent jamais à la hâte,
sous quelque prétexte que ce soit, mais posément,

distinctement et dévotement. » Il s'indignait contre ceux qui précipitent la récitation de l'office divin : « A les entendre chanter, disait-il, on croirait qu'ils sont gagés pour mépriser Dieu, se moquer de lui et le faire déshonorer par les autres. »

Un jour qu'en voyage il entra, suivant son habitude, dans une église qui se trouvait sur son passage, on y chantait l'office des morts d'une manière trop rapide et peu révérencieuse. Un prêtre entonna le beau cantique d'Ézéchias : « *Ego dixi in dimidio* etc... Au milieu de mes jours, j'irai donc aux portes de l'enfer. » Le P. Eudes laissa alors échapper cette parole assez haut pour qu'on l'entendît : « Si vous continuez de ce pas-là, vous y serez vite rendu ! »

Bien qu'il eût été lui-même plein de respect pour l'office divin, la responsabilité du bréviaire l'inquiétait dans un âge avancé : « Mon bréviaire à dire, répétait-il souvent, quel compte à rendre ! »

Mais s'il attachait une si grande importance au bréviaire, il en attachait naturellement une plus grande encore au saint sacrifice de la Messe. Ses historiens nous disent qu'il célébra dans la nuit de Noël sa première Messe avec une dévotion et un recueillement tels, qu'il semblait être transporté dans le ciel, et qu'on l'aurait pris pour un séraphin tout embrasé d'amour. Un écrit de sa main, trouvé après sa mort, et commençant par ces mots : « O abîme d'amour! O bonté infinie! O charité immense! Que ne suis-je tout amour envers vous? O très aimé, très aimant et très aimable Jésus,... » nous prouve qu'il ne cessa de la célébrer toute sa vie avec les mêmes ardeurs et les mêmes élans de piété. « Il faudrait, avait-il coutume de dire, trois éternités pour bien célébrer une seule Messe, la première pour s'y bien préparer, la seconde pour la bien dire, et la troisième pour en rendre de dignes actions de grâces. » —« Il offrait, ajoute un de ses historiens, l'adorable victime tous les jours, avec une joie si vive, une dévotion si respectueuse, un amour pour Jésus-Christ si ardent, que son visage en paraissait tout en feu. Il manifestait sa piété par tout son extérieur, par le ton de sa voix, par sa gravité à faire les cérémonies, par sa rare modestie, par les larmes abondantes qui coulaient de ses yeux. Ceux qui le voyaient au saint autel, en étaient pénétrés de dévotion. »

Il exigeait aussi chez les autres le même respect pour les saints Mystères. Ayant un jour remarqué qu'un de ses enfants avait dit la Messe en un quart d'heure, il en fut indigné; il déclara devant la communauté qu'il ne voulait pas être témoin d'une pareille indévotion, et que si le coupable ne se corrigeait pas, il sortirait plutôt lui-même de la Congrégation.

Son zèle pour le service du divin Maître ne s'effrayait de rien et ne capitulait même pas devant les rois de la terre. Le P. Eudes célébrait un jour la sainte Messe à Versailles, en présence de Louis XIV et de sa cour. Le roi était pieusement agenouillé, tandis qu'autour de lui les courtisans restaient debout et causaient sans retenue. A l'Offertoire, le P. Eudes se retourne et félicite Louis XIV du bon exemple qu'il donnait à tous, puis il ajoute : « Ce qui m'étonne, Sire, c'est que pendant que Votre Majesté s'acquitte si parfaitement de ses devoirs envers Dieu et lui rend avec humilité ses profonds hommages, je vois une multitude de vos officiers et de vos sujets, qui font tout le contraire. » Aussitôt l'assistance frappée d'étonnement se mit à genoux, plutôt par crainte du maître que par respect pour la majesté divine.

C'est dans la lecture et dans la méditation journalière de la parole même de Dieu, que le P. Eudes puisait ce respect des choses saintes, et cet esprit de foi dont il animait toutes ses actions. Il ne lisait l'Écriture sainte qu'à genoux et la tête nue. Il lui semblait, en la lisant, entendre Notre-Seigneur lui-même et recueillir ses paroles sacrées. Il s'en pénétrait dans le texte pur, sans commentaires, et en nourrissait son âme. Il en apprenait chaque matin quelques versets, qu'il ruminait pour ainsi dire pendant le reste de la journée, les gravant dans son esprit et plus encore dans son cœur. Tous ses écrits, et principalement les Règles données à sa Congrégation, font voir une connaissance profonde et parfaitement élaborée de toute la Sainte-Écriture, et plus spécialement des Épîtres de saint Paul et du Livre des Proverbes.

Rapports avec le prochain.

LE prêtre est un médiateur entre Dieu et les hommes : il n'est pas prêtre pour lui seul ; « il est établi pour les hommes dans les choses qui ont rapport à Dieu, » selon l'expression de saint Paul (Hebr. v. 1). Cependant si nous jetons les regards sur ceux que Dieu a revêtus de cette dignité, nous voyons que les fruits de leur ministère sont loin d'être les mêmes, et qu'ils dépendent beaucoup moins de leurs talents que de leurs vertus. La science, l'industrie font réussir dans le commerce, dans la politique, dans les arts, mais ne remuent point les populations, ne régénèrent point les paroisses. Un prêtre savant convaincra l'hérétique et le libertin, mais ne les convertira pas. Pourquoi cela? C'est qu'à Dieu seul il appartient de changer les cœurs et de sanctifier les âmes ; le prêtre ne doit être qu'un instrument entre ses mains. Aussi ce n'est que par les saints que Dieu a voulu faire de grandes choses, et le plus souvent par ceux qui semblaient, comme M. Vianney, dépourvus de moyens naturels.

Si le P. Eudes n'ignorait pas les sciences humaines, il connaissait surtout la science divine ; il était versé dans la connaissance de la Sainte-Écriture, et en même temps il excellait en humilité, en amour de Dieu, en sainteté éminente. Tel est le secret de l'influence qu'il exerça sur les âmes, soit en particulier dans le ministère de la confession, soit en public, dans la prédication ou dans le gouvernement de ses Instituts.

Dominé par un double sentiment, la haine du péché et le désir de sauver les âmes, et convaincu que le prêtre n'exerce nulle part une action plus puissante sur elles qu'au tribunal de la pénitence, il s'y montrait assidu : « Les prédicateurs, disait-il, battent les buissons, mais les confesseurs prennent les oiseaux : les premiers ébauchent l'ouvrage, les autres l'achèvent et le perfectionnent ; les prédicateurs font sentir aux pécheurs la grandeur et l'énormité de leurs crimes, mais les confesseurs leur tendent la main pour les en retirer : ils sont d'habiles chirurgiens, qui appliquent l'appareil sur les plaies, pour leur procurer une parfaite guérison. — Au saint tribunal, ajoutait-il encore, le prêtre lie et délie, il absout et condamne, non pas comme les juges de la terre, dont la puissance passagère et temporelle ne s'étend que sur les corps, et dont les jugements ne sont écrits que sur un papier que le vent emporte ; mais comme le juge du ciel, qui a pouvoir sur les âmes, et dont les arrêts sont écrits avec le sang d'un Dieu, dans le livre de la justice éternelle. »

Charitable médecin, il écoutait patiemment l'explication de son malade, sans témoigner ni ennui, ni fatigue, et il appliquait le remède avec délicatesse et douceur. Il fut pendant quelque temps confesseur des Religieuses Bénédictines de Montmartre. L'une d'elles, la M. Catherine Marin a écrit : « Nous avons eu pendant plusieurs années le bonheur d'assister aux conférences du P. Eudes, qui étaient fort touchantes. Il paraissait un lion en chaire ; mais au confessionnal c'était un agneau. »

En qualité de juge, il savait à l'occasion user de fermeté et exiger la réparation des torts causés au prochain. Une dame de qualité qui usurpait le champ de son voisin, vint un jour le trouver. Le P. Eudes commença par réclamer d'elle le respect du bien d'autrui ; puis voyant qu'il ne pouvait la persuader, il la pria d'aller chercher un autre confesseur. Être trop facile à donner les absolutions « c'est, disait-il, fortifier le péché dans les âmes, anéantir les desseins de la divine miséricorde dans l'institution de ce sacrement, et donner toute licence aux pécheurs de s'abandonner insolemment à toutes sortes de crimes. »

A la fermeté du zèle le P. Eudes joignait le désintéressement. Jamais il ne voulut rien accepter au confessionnal, même pour le donner aux pauvres, à plus forte raison pour se l'appliquer à lui-même. Il défendit pour ce motif à ses confrères d'aider les moribonds à faire leur testament et même d'y assister.

Accessible à tous, il ne montrait de préférence que pour les infirmes et les pauvres. Un de ses Pères refusant un jour d'entendre une personne, parce qu'il allait dire la sainte messe, le P. Eudes le prit à part et lui dit : « Que faites-vous, mon cher Frère ? Peut-être que cette âme est entre les mains du démon, et qu'étant morte, elle vous demande la vie de la grâce. Allez-y donc incessamment, et vous penserez ensuite à dire la messe. » — « Je le fis, dit ce Père, et j'éprouvai ce que vaut l'obéissance ; car cette âme eut le bonheur de faire de dignes fruits de pénitence, et de montrer par ses œuvres la sincérité de sa conversion. »

Jamais le P. Eudes n'entrait au confessionnal sans s'être recueilli un instant et sans avoir prié, ne voulant pas ressembler, selon son expression, « au balai, qui se salit et s'use en nettoyant les ordures de la maison. » C'est dans le livre du *Bon Confesseur*, fruit de son expérience et de ses saintes industries, qu'il faut étudier la bonté, la douceur, la fermeté qu'il savait allier ensemble, et par lesquelles il exerçait sur les âmes une si salutaire influence.

Nous avons déjà parlé des prédications du V. P. Eudes; nous n'allons ajouter que quelques lignes, pour compléter son portrait. Il avait, nous disent ses historiens, une taille moyenne et des membres bien proportionnés. Sa tenue était noble et majestueuse, son air digne et vénérable, son geste naturel et sa voix sonore ; ses traits ne respiraient que douceur et affabilité, et ses yeux témoignaient d'une vivacité et d'une conviction, qui saisissaient l'auditoire. S'il parlait de la beauté et du prix d'une vertu, de la chasteté par exemple, on voyait se refléter sur son visage la sérénité et la modestie, qui rendent la vertu aimable. Son ton, ses gestes, ses regards faisaient pénétrer les vérités les plus communes et touchaient les cœurs les plus endurcis.

Mais malgré son talent pour la prédication et son expérience, il ne montait en chaire qu'après s'y être préparé par la prière et la méditation. Au commencement du XVIIe siècle, l'éloquence sacrée était à créer, pour ainsi dire ; les sermons n'étaient qu'un assemblage incohérent de connaissances divines et humaines, et souvent même un tissu de puérils jeux de mots. Cependant les peuples avaient un pressant besoin d'instruction religieuse ; l'ignorance et la corruption régnaient partout, et particulièrement dans la Basse-Normandie. Un historien rapporte que, vers l'année 1620, on ne voyait pas dans la ville d'Argentan cinquante personnes communier plus d'une fois par an; et que la communion pascale n'était ni nombreuse ni édifiante.

Le P. Eudes, qui gémissait de cette indifférence, souffrait encore plus de voir annoncer si mal les vérités évangéliques : « La plupart des prédicateurs, disait-il avec indignation, au lieu de chercher les larmes et les gémissements de ceux qui les écoutent, suivant l'avis de saint Jérôme, ne disent que des choses agréables et propres à satisfaire la curiosité des esprits : ils ne font que des sermons polis et peignés avec artifice, plus capables de flatter les oreilles que de toucher les cœurs. Prêcher de la sorte, ajoutait-il, c'est profaner la divine parole, c'est anéantir le fruit de la croix et de la passion du Sauveur, c'est être homicide des âmes. »

Il défendait absolument à ses confrères d'en agir ainsi : « Non, disait-il, non, JÉSUS et Marie ne regarderont point pour enfants de leur Congrégation, les prédicateurs qui suivront les règles que l'ambition de leur esprit, la prudence de la chair, la sagesse du siècle et le désir de plaire au monde leur suggéreront. » Tout consistait donc, pour le zélé missionnaire, dans une profonde méditation du sujet, dans un plan bien méthodique, sans préoccupation de l'arrangement des mots, ni de la politesse du style. Mais son argumentation était si serrée, si fortement appuyée et nourrie de la Sainte-Écriture et de textes des Pères, son esprit de foi était si manifeste, que ses paroles portaient avec elles la conviction dans les esprits et touchaient les cœurs les plus rebelles.

Imitant le grand prédicateur des Indes, saint François-Xavier, il portait en mission une petite clochette, pour rassembler les bonnes gens de la campagne. Allant dans les marchés, il les attirait par ce moyen ; puis montant au pied d'une croix ou sur quelque éminence, il leur annonçait les vérités du salut.

Ce zèle apostolique acquit au P. Eudes une telle vénération publique que, sur la fin de sa vie, il avait peine à passer jusqu'à la chaire, et que, durant le carême qu'il prêcha à Saint-Pierre de Caen, on retenait les places dès cinq heures du matin pour le sermon de neuf heures. Nous avons vu d'ailleurs que les églises étaient le plus souvent insuffisantes à contenir la foule.

Mais il y avait quelque chose de plus étonnant que tout ce concours, c'était l'ascendant que le P. Eudes exerçait sur ces milliers d'auditeurs. On les vit plus d'une fois, comme frappés d'une secousse électrique, frémir et tomber à genoux tous ensemble.

Un jour il prêchait sur le péché et sur les peines qui en sont le châtiment; il peignit d'une façon si vive les souffrances de l'enfer et la colère d'un Dieu vengeur, que tout l'auditoire épouvanté se prosterna en criant avec lui : *Miséricorde, mon Dieu ! Miséricorde !*

Ce sermon, qui avait fait une profonde impression, donna lieu à une plaisante aventure. Mgr Camus, ancien évêque de Belley, et ami de saint François de Sales, était retiré alors à Caen dans la maison de l'Oratoire. Il entendit parler de l'émotion causée

par le P. Eudes. Cet orateur distingué, à qui saint
François de Sales écrivait un jour à propos d'éloquence : « Vous avez plus de feu au bout du doigt
que je n'en ai dans tout mon corps, » eut l'envie
puérile d'essayer ses forces et de se mesurer avec
notre missionnaire.

Il composa donc un sermon sur la crainte des
jugements de Dieu, et se promit bien de faire aussi
crier *miséricorde* à son auditoire. Rendu dans la
chaire de Saint-Pierre à Caen, le prélat cherche à
toucher les cœurs et à les enthousiasmer, puis arrivé
au passage, qu'il croit le plus pathétique, il s'écrie :
Miséricorde, ô mon Dieu ! Miséricorde ! Les voûtes
seules de l'église lui répondent, et personne ne
paraît vouloir le seconder. Il s'anime davantage, il
presse, il sollicite ses auditeurs de ne pas rester
insensibles, puis il les engage à répéter avec lui :
Miséricorde ! Ce second effort n'a pas plus de succès
que le premier ; tous les assistants baissent la tête,
et notre prédicateur, sentant son ridicule, se hâte
d'en finir.

Malgré cette humiliation, Mgr Camus n'en rendait
pas moins justice au P. Eudes ; il dit même un jour,
après avoir assisté à l'un de ses sermons : « J'ai vu
assurément dans ma vie bien des prédicateurs ; j'ai
même entendu tout ce qu'il y a de plus parfait en
ce genre, tant en Italie qu'en France ; mais il faut
en convenir, il ne m'est jamais arrivé d'en entendre

aucun qui entrât plus avant dans le cœur de
l'homme, que ce bon Père. »

En l'année 1661, le pieux missionnaire prêchait,
le 8 février, pour la fête du saint Cœur de Marie,
dans la chapelle des religieuses du Saint-Sacrement.
La Reine-Mère en fut informée et voulut s'y rendre.
Elle arriva seulement vers la fin du sermon. En
l'apercevant, le prédicateur abandonne tout à coup
son sujet, et faisant allusion à l'incendie, qui deux
jours auparavant avait détruit une partie du Louvre,
il rappelle que rien n'arrive que par la permission
de Dieu et que les malheurs ne sont que le châtiment
de nos péchés. Cet incendie du Louvre n'est-il pas la
punition des dimanches et des fêtes profanés pour
le construire ? Les rois, pour l'embellir, n'ont-ils
pas pressuré leurs sujets ? Ne doivent-ils pas prendre
soin des intérêts spirituels de leurs peuples en arrêtant la diffusion des mauvaises doctrines ? Enfin le
P. Eudes conclut par ces paroles: « Je supplie Votre
Majesté de recevoir ces avertissements, non de la
part d'un homme, mais de la part de Dieu même.
Je ne suis qu'un misérable pécheur, mais au lieu
où je suis, et tenant la place de Dieu, je puis dire
après saint Paul, que je fais ici l'office d'ambassadeur
de JÉSUS-CHRIST, pour porter la parole du Roi des
rois à une grande reine, et je la supplie de la prendre de cette manière. » La reine, loin de s'en trouver
offensée, dit en se retirant : « Il y a longtemps que

je n'avais entendu de prédications ; mais je viens d'en entendre une. Voilà comme il faut prêcher et non pas me dire des fleurettes, comme les autres me disent. »

A ce témoignage si honorable pour le P. Eudes combien d'autres ne pourrions-nous pas ajouter ? Nous entendrions M. Olier, curé de Saint-Sulpice, l'appeler la *Merveille de son siècle ;* Bossuet dire hautement : « C'est ainsi que nous devrions tous prêcher. » Nous verrions M. Le Pileur, grand-vicaire de Coutances, lui donner, par écrit, en l'absence de l'évêque, une recommandation en ces termes : « Ses discours sont reçus comme une pluie douce et salutaire, ardemment désirée ; chose étonnamment merveilleuse, sa parole est entendue en même temps par plus de quarante mille personnes, sans qu'on en perde un seul mot ; sa voix pénètre jusqu'au fond des cœurs, et il n'y en a point de tellement endurcis, qu'il n'ait le don de toucher. »

Il est vrai de dire que le P. Eudes se prodiguait pour la gloire de Dieu, et que, sans trop consulter ses forces, il suivait uniquement les élans de son zèle. Nous le voyons par une lettre de Mgr Cospéan, évêque de Lisieux : « Plût à Dieu, lui écrivait-il en 1640, qu'il me fût permis d'assister à vos sermons, dont le seul bruit me comble de joie. Il n'y a qu'un seul endroit qui m'empêche de la goûter parfaitement, c'est que vous ne ménagez point assez une santé, qui m'est plus chère que ma propre vie. Vous vous épuisez par un travail immodéré. » C'est en effet le seul reproche que l'on puisse adresser au P. Eudes, dont le zèle infatigable ne connut point de repos.

Nous avons vu que, pour le seconder dans l'œuvre des missions, pour continuer ce ministère après lui et diriger les grands séminaires, il avait établi une Congrégation. Il nous reste à dire comment il la gouvernait.

Les règles qu'il donne à chacun de ses Supérieurs, dans ses Constitutions, sont les principes sur lesquels lui-même basait sa conduite : « Il regardera, dit-il, sa supériorité, non comme un honneur et une dignité, mais comme une charge et une croix, et comme un sujet de crainte et d'abaissement. »

Il se considérait lui-même comme le serviteur de tous ceux qu'il avait à conduire. Il signait les lettres, qu'il leur adressait : *Tout vôtre, Jean Eudes mission-naire*, ou bien : *Plus vôtre que mien, Jean Eudes*. Il ne voulut jamais qu'on lui donnât, ni de vive voix ni dans les actes publics, le titre de Supérieur général.

Il ajoute : « Le Supérieur se souviendra qu'il doit gouverner plus par charité que par autorité, par prières que par commandements, par exemples que par paroles, par douceur que par rigueur, par esprit de mansuétude que par esprit de domination et d'empire. » Telle fut toujours sa propre conduite.

Un de ses premiers Pères en parle ainsi : « On voyait en lui, en toutes circonstances, une si grande attention à prévenir les besoins de ses frères, et tant de ménagements pour ne pas choquer même leurs inclinations naturelles, qu'on en était surpris et édifié tout à la fois. »

Ayant un jour besoin d'un sujet de la maison de Rouen, il écrivit au Supérieur : « Je ne vous demande pas M. Vaguel par autorité, ni comme supérieur, mais en vous priant, et comme un frère qui vous supplie de nous le prêter pour un peu de temps, ou plutôt de le donner à Notre-Seigneur et à sa très sainte Mère. J'espère que vous ne leur refuserez pas cela. »

Un supérieur ne lui envoyant point un prêtre, qu'il avait demandé il lui écrivit : « Vous persistez dans votre passion et dans votre désobéissance : je m'en plaindrai à Notre-Seigneur et à sa divine Mère, et j'ai une très grande confiance qu'ils y pourvoiront et qu'ils ne permettront pas que vous perdiez et renversiez ainsi leur Congrégation. C'est la seule charité qui m'oblige à vous écrire ces choses. Je vous conjure, mon très aimé Frère, par le Sacré Cœur de notre très bénin Père et de notre très bonne Mère, d'en faire un bon usage, et de les recevoir en esprit d'humilité, de soumission et de charité. » Voilà comment il s'efforçait de conduire tous ses sujets par la charité, la douceur et la condescendance.

Le P. Eudes ajoute dans ses Constitutions : « Le supérieur doit néanmoins savoir mêler la sévérité à la douceur, quand il en est temps, et il est obligé de conserver le respect qui appartient à son autorité, pour la révérence de Celui qu'il représente. »

Quand il enleva M. Manchon du séminaire de Lisieux pour l'envoyer à Rouen, quelques Pères lui écrivirent, menaçant de quitter la Congrégation plutôt que d'obéir au nouveau supérieur. Le saint Fondateur en fut attristé et écrivit à ces deux ou trois insoumis une longue lettre, dans laquelle nous lisons : « Si je vous avais envoyé le dernier de nos Frères pour vous gouverner, vous auriez dû vous y soumettre, puisque Notre-Seigneur s'est soumis pour l'amour de vous à Hérode, à Pilate, aux bourreaux qui l'ont crucifié, et même aux puissances des ténèbres. Je vous ai envoyé un homme, qui est un des plus anciens de notre Congrégation, fort sage, fort vertueux et fort charitable ; et vous le méprisez !.... Où est l'humilité, la soumission, l'abnégation de soi-même, de son propre sens et de sa propre volonté ? Où est le fruit de tant de méditations, de tant de lectures spirituelles ? Ouvrez les yeux, mes très chers Frères, et voyez les fautes, que vous faites.... »

Ainsi, humilité, douceur et fermeté, telles furent les vertus qu'il pratiqua dans le gouvernement de sa Congrégation. Ne nous étonnons donc point si, dans son *Histoire des Ordres religieux*, Hélyot a pu dire : « Le P. Eudes, qui était doué de toutes les vertus chrétiennes et ecclésiastiques, mit son principal soin à former les prêtres de sa Compagnie ; il y employa tous les moyens que son zèle lui put suggérer ; et il y réussit si bien qu'il les laissa remplis de son esprit et héritiers de ses vertus. »

Église Notre-Dame de Caen, dite la Gloriette,
où reposent les restes du V. P. EUDES.

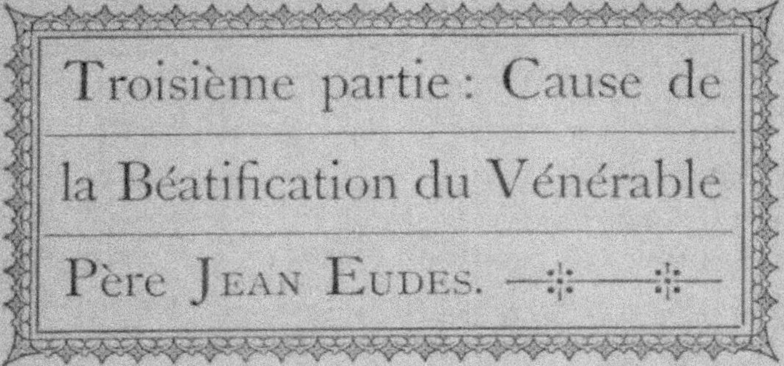

CHAPITRE I.

État actuel de cette Cause.

LES nombreux enfants et les amis du P. Eudes poursuivent avec zèle, depuis 1868, le procès de sa Béatification, et jusqu'à présent cette belle cause avance avec une régularité parfaite, et avec une rapidité surprenante, pour qui connaît la difficulté et les lenteurs de pareilles procédures. Nous allons essayer de rendre compte de ce qui a été fait et de ce qu'il reste à faire.

Nous avons dit quelle fut à la mort du P. Eudes la vénération du peuple pour ses restes bénis, dont il fallut retarder les funérailles. De son vivant, il avait également joui d'une grande réputation de sainteté, non seulement parmi le peuple, mais auprès des personnages les plus estimables de l'époque.

Quel témoignage plus éclatant que celui-ci, rendu

dans une lettre de Mgr de Cospéan, évêque de Lisieux, au président de la cour de Rouen : « Le P. Eudes est un vrai saint, et on peut le nommer l'apôtre de la Normandie.....! » Le même prélat adressait en 1645, au pape Innocent X, cet éloge du P. Eudes : « Je proteste en toute vérité devant Dieu à Votre Sainteté, que je ne connais rien qui l'emporte en matière de piété au-dessus de ce très excellent prêtre, et de ses discours ; rien qui approche de l'onction avec laquelle il établit JÉSUS-CHRIST dans les cœurs des fidèles, qu'il lui gagne en si grand nombre qu'il paraîtrait incroyable à tout autre qu'à nous, qui voyons ces merveilles de nos yeux.... » C'est aussi ce que pensait Mgr de Maupas, évêque d'Évreux, qui ne lisait qu'à genoux, et après les avoir baisées, les lettres du P. Eudes.

Mgr d'Angennes, Mgr Servien, Mgr de Nesmond, évêques de Bayeux, Mgr Auvry et Mgr de Matignon, évêques de Coutances, Mgr Harlay, archevêque de Paris, Mgr de la Vieuville, évêque de Rennes et plusieurs autres prélats, ainsi que la plupart des historiens du temps ont laissé des témoignages écrits si pleins d'admiration pour le P. Eudes, que nous regrettons de ne pouvoir les citer. Mais cela nous entraînerait trop loin.

Il n'est pas jusqu'au savant Huet, évêque d'Avranches, si prévenu contre le saint Apôtre, qui ne lui rende cette justice : « Je m'occuperais d'un travail inutile en cherchant à le louer. Les travaux sans nombre, qu'il a entrepris pour procurer la gloire de Dieu et le salut des âmes, tant d'écrits si pieux et si utiles qu'il a composés, l'ont rendu cher au Seigneur et vénérable à l'Église. »

Enfin, sous ce rapport, rien de plus frappant que cet éloge d'un de ses confrères, qui vécut assez longtemps avec lui : « J'ai eu le bonheur, dit-il, de demeurer trois ans avec le P. Eudes, et j'ai toujours compté parmi les plus grandes grâces que j'ai reçues de la divine bonté, celle d'avoir mis devant mes yeux un si grand modèle de sainteté. Je ne l'ai jamais regardé que comme un saint. J'avais un si grand respect pour lui et une si grande idée de sa vertu, que tout imparfait et tout indévot que j'étais, je me suis cependant fait plus d'une fois un sujet de grande dévotion de baiser humblement le seuil de la porte de sa chambre et les vestiges de ses pieds. Je ne me souviens pas lui avoir vu faire aucune action, ni prononcer aucune parole, qui eût seulement l'apparence du péché. Au contraire il ne paraissait rien en lui qui ne donnât édification et qui ne respirât un doux air de sainteté. »

Les religieuses de la célèbre abbaye du Val-Richer rédigèrent à sa mort un mémoire sur ses vertus :

« Le souvenir du P. Eudes, y est-il dit, est en si grande vénération parmi nous, que nous gardons le sermon qu'il fit en notre chapitre, le 23 juillet 1669, sur la grâce de notre vocation, comme une relique très précieuse. Le plus grand bonheur de notre maison, qu'il a honorée de son estime, est l'union qu'il a bien voulu avoir avec nous. Il nous édifiait toutes d'une façon très singulière, surtout lorsqu'il était en prière devant le Saint-Sacrement, les mains jointes, le visage serein, le corps immobile. On était si accoutumé à parler de lui avec respect et vénération, que plusieurs novices l'ayant ouï dire la sainte Messe, et en ayant été vivement touchées, entrèrent durant cet intervalle dans la sacristie et y coupèrent des boutons de sa casaque pour les garder comme des reliques. »

Les bénédictines de l'abbaye de Montmartre avaient aussi pour le saint missionnaire une telle estime, que l'une d'elles put écrire, en 1722 : « Un jour, après avoir assisté une de nos Mères à la mort, comme il témoigna qu'il aurait une grande dévotion à visiter une de nos chapelles, qui est dédiée à Notre-Dame de Lorette, Madame de Guise, notre abbesse, voulut l'y accompagner avec toute la Communauté. Il y en eut quelques-unes qui trouvèrent moyen de lui couper de ses cheveux, du cordon et de l'oreille de son soulier, et du bas de son manteau, pour les garder comme des reliques. Mais lorsqu'il le sut, il parut inconsolable, disant qu'il n'était qu'un misérable. »

Dans des temps plus rapprochés de nous,

Mgr Mathieu, Mgr Dupanloup, Mgr Mermillod, Mgr Besson, Mgr Lecoq, Mgr Hugonin, Mgr Bécel, Mgr Trégaro, Mgr Ducellier, Mgr Germain et beaucoup d'autres ont fait le plus grand éloge du P. Eudes et l'ont rangé à côté de saint Vincent de Paul pour la réforme du clergé.

Mais il est un témoignage plus glorieux encore. C'est celui du Vicaire de JÉSUS-CHRIST. Le R. P. Coubard, Eudiste, ayant eu, en 1853, l'insigne honneur d'être admis par lui en audience particulière, le vénérable Pie IX lui dit : «Vous appartenez à la Congrégation des Eudistes ; je connais votre P. Eudes, je lis sa vie en ce moment ; c'était un grand serviteur de Dieu, un digne fils de l'Église ; en lui la science et la vertu se sont rencontrées. » En 1867, l'auguste Pontife daignait encore bénir plusieurs enfants du P. Eudes et leur disait : « Je connais bien votre bon P. Eudes ; c'était un grand serviteur de Dieu et de son Église ; il faut vous hâter de travailler à la cause de sa canonisation. »

Il est certain que depuis longtemps la chose eût été tentée, si les malheurs des temps n'étaient venus disperser les Eudistes et renverser leurs œuvres.

C'est en 1868 seulement que le R. P. Gaudaire, leur supérieur général, entreprit cette grande et consolante tâche, bien qu'il sût ne pas devoir lui-même la mener à bonne fin. Obtenir en effet que l'Église pose sur le front d'un serviteur de Dieu l'auréole des bienheureux et des saints, ce n'est pas l'affaire de quelques mois, ni même de la vie d'un homme ; c'est une œuvre pour laquelle le Saint-Siège, quoique infaillible, ne procède qu'avec une prudence et une lenteur presque désespérantes.

On cite comme ayant eu un succès rapide la canonisation de sainte Jeanne de Chantal, qui a été obtenue après cinquante-deux années seulement de continuelles procédures. Mais la béatification de la bienheureuse Marguerite-Marie, entreprise la même année 1715, a demandé cent cinquante années d'instances. Nous avons eu le bonheur d'assister à Rome, en 1881, aux fêtes de quatre nouvelles canonisations. La cause de saint Labre n'était poursuivie que depuis quatre-vingt-dix ans ; mais les autres depuis cent, deux cents et même cinq cents ans.

D'où proviennent tous ces retards? De la sagesse de l'Église, qui ne précipite rien, ayant pour elle les promesses d'éternelle durée ; et aussi des travaux considérables et minutieux que les Souverains Pontifes réclament.

Aucune enquête ne se peut faire que par un tribunal institué canoniquement, et composé de neuf membres, dont cinq au moins doivent être présents à toutes les séances. Chacun d'eux prête serment sur les saints évangiles. Aucun témoin n'est admis à faire sa déposition qu'après avoir aussi juré sur les Livres sacrés, devant le Saint-Sacrement. Toutes les questions à faire sont envoyées de Rome et communiquées à l'évêque et aux membres du tribunal seulement. L'évêque et le tribunal n'ont rien à juger, ils ne sont que délégués du Saint-Siège pour écouter et transcrire les réponses, qui sont ensuite envoyées à Rome.

Ce fut donc en 1868, que le R. P. Gaudaire s'adressa à Mgr Hugonin, évêque de Bayeux, dans le diocèse duquel vécut et mourut le P. Eudes, pour le prier de faire les premières informations. Cette requête fut bien accueillie par Sa Grandeur, et devant le tribunal qu'elle constitua et souvent présida elle-même, de nombreux témoins certifièrent que le P. Eudes avait joui pendant sa vie et après sa mort d'une grande réputation de sainteté, attestée en outre par des guérisons miraculeuses.

Ces informations préliminaires furent envoyées à Rome, et en 1874, le 8 février, fête du Saint Cœur de Marie, la Sacrée Congrégation des Rites prononça qu'il y avait lieu d'informer cette cause. Dès lors il y avait permission d'appliquer au P. Eudes le titre de *Vénérable*.

Mais avant de pouvoir lui donner celui de bienheureux et de lui adresser des hommages solennels, il y avait à faire une série de procédures difficiles et multipliées. Elles ont commencé par le procès de *Non culte*. Il a fallu constater que, si les enfants du

P. Eudes et les fidèles l'ont vénéré, ils ne l'ont point fait officiellement et publiquement, et qu'ils n'ont point devancé le jugement de l'Église par un zèle indiscret. Ces informations préliminaires ont été approuvées en juin 1877.

Vint ensuite la *Révision des écrits*. Rome ordonna aux supérieurs des Instituts du P. Eudes et aux évêques des diocèses de Bayeux, de Rennes et de Séez, de recueillir avec soin tous les écrits du Vénérable et de les lui faire parvenir. Des mandements furent publiés à ce sujet. Si dans l'examen scrupuleux et approfondi de tous ces ouvrages, il se fût trouvé une expression en désaccord avec l'enseignement de l'Église, il eût fallu renoncer pour toujours à l'espoir de la canonisation. Mais la foi du P. Eudes était si pure, que la sentence favorable ne se fit pas attendre et fut prononcée en 1883.

Un nouveau procès a reçu la même année une excellente solution, c'est celui de la *Renommée de Sainteté*. Il s'est fait sur des preuves générales de la sainteté du P. Eudes, et de la vénération que les chrétiens ont toujours manifestée pour ses vertus. Il a fallu en outre prouver, dans cette circonstance, que l'on attribue à son intervention un certain nombre de miracles, dont l'examen plus détaillé appartient à une procédure ultérieure. Les dépositions des témoins dans ce procès ont occupé cinquante-six sessions d'environ trois heures chacune.

Tel est l'état actuel de la cause, dont la marche a été relativement très rapide et n'a souffert aucun de ces fâcheux retards, qu'une simple négligence de formes suffit quelquefois à créer pour une série d'années.

Ces quatre premiers procès si heureusement achevés ne sont, pour ainsi dire, que les préliminaires des *grandes procédures*, qui consistent dans l'examen des vertus et des miracles.

Sur le premier chef, la Sacrée Congrégation des Rites doit constater que le V. P. Eudes a pratiqué pendant toute sa vie chacune des vertus théologales et des vertus morales, dans un degré héroïque, c'est-à-dire extraordinaire, méritant d'être proposé officiellement à l'imitation et à la vénération des fidèles. Les informations pour cet important procès ont déjà été prises à Bayeux, puis traduites en italien, copiées et envoyées à Rome en janvier 1885. Ces documents forment quatre gros volumes pesant environ *vingt livres* chacun.

Pour les miracles ou guérisons miraculeuses attribuées au P. Eudes, des enquêtes juridiques ont également eu lieu ; nous en donnons un résumé ci-dessous. L'une d'elles a été informée à Vannes en 1885, devant le tribunal institué par Mgr Bécel. Ces questions : Le jeune Louis Bourdon a-t-il été aveugle ? A-t-il été guéri par l'intercession du P. Eudes ? ont occupé trente-quatre sessions, dans lesquelles quatorze témoins ont été entendus.

De plus en 1884, s'est faite, comme Rome l'exige, l'ouverture du tombeau et la reconnaissance officielle de l'état des reliques, dans l'église Notre-Dame dite la Gloriette et dans la chapelle de Notre-Dame de Charité à Caen.

Nous avons vu que ce fut dans l'église du séminaire, qu'en 1680, le P. Eudes, revêtu de ses ornements sacerdotaux et enfermé dans un cercueil de plomb, fut inhumé. Mais pendant la Révolution cette chapelle devint salle et bibliothèque publiques. En 1810, M. Caffarelli, préfet du Calvados, eut la pieuse pensée de faire retirer de ce lieu profane les restes du P. Eudes et de six autres supérieurs, qui y avaient été déposés. Il ordonna donc qu'ils fussent exhumés et transférés solennellement dans l'ancienne chapelle des Jésuites, devenue l'église paroissiale de Notre-Dame. La cérémonie fut présidée par l'évêque de Bayeux, et le concours des fidèles y fut très considérable.

D'après les archives du monastère de Notre-Dame de Charité, le corps était entier, les chairs n'étaient pas encore consommées, les vêtements n'avaient pas grandement souffert ; la tombe demeura ouverte plusieurs jours, et des guérisons miraculeuses eurent lieu. L'empressement du peuple pour contempler les restes du saint missionnaire fut tel qu'il fallut apposer des gardes, pour contenir la foule.

Les religieuses de Notre-Dame de Charité récla-

mèrent et obtinrent la tête et quelques ossements
de leur vénéré Instituteur, et un reliquaire qui fut
trouvé dans le cercueil. Elles placèrent ce précieux
dépôt dans le mur de leur chapelle. Le cercueil fut
ensuite transporté dans le chœur de l'église Notre-
Dame et recouvert d'une dalle en marbre blanc. Les
membres du tribunal devaient donc, pour se conformer aux prescriptions de Rome, faire ouvrir cette
double sépulture.

Le 6 mars 1884, Mgr Hugonin vint, par vénération pour le P. Eudes, présider la première cérémonie, à laquelle furent admis les prêtres de la
ville et quelques personnes privilégiées. Toutes les
portes de l'église étant d'ailleurs fermées, les ouvriers
et les médecins commencèrent par prêter serment
sur les saints Évangiles de remplir fidèlement
leur office. Le tombeau fut ensuite ouvert et
laissa voir le cercueil de bois presque entièrement
consommé.

Mais écoutons plutôt le T. R. P. Le Doré, dans le
récit qu'il en a fait aux enfants du V. P. Eudes : « Le
cercueil de plomb de 1680 ne tarda pas à paraître à
son tour. Nos cœurs battaient et nos regards suivaient
avec une grande anxiété et avec une curiosité crois-
sante les mouvements des ouvriers. Hélas ! un sentiment de tristesse vint se mêler aux émotions de joie
et de respect, qui nous remuaient si profondément.

« En 1810, après avoir découpé le plomb du cercueil, on n'avait pas eu soin de le souder de nouveau : on s'était borné à replier les bords. Aussi était-il tout déformé, et, comme on avait eu à refaire deux fois, depuis cette époque, le pavé du sanctuaire, qui le recouvrait, l'eau et la chaux avaient pénétré en abondance, l'avaient rempli de débris de terre et avaient bien vite consommé la plus grande partie de notre précieux trésor.

« M. Revérony, vicaire-général de Bayeux et promoteur de l'enquête, et M. Marquet, supérieur du grand séminaire et l'un des juges, voulurent alors remplacer les ouvriers, par respect pour notre vénéré Père. Ils descendirent dans le caveau, et avec les précautions les plus grandes, avec la piété la plus filiale, ils écartèrent les bords du cercueil et enlevèrent la terre et les détritus qui le remplissaient. Cette poussière mêlée de divers fragments, était déposée avec respect dans des corbeilles préparées pour cela. Quant aux ossements, ils étaient rangés sur une table, où les docteurs Wiard et Lhirondel purent reconnaître les vertèbres, quelques côtes, les tibias et les phalanges des pieds.

« Après l'examen minutieux et la description détaillée de tous ces restes précieux, on les déposa dans une boîte de chêne, capitonnée et garnie à l'intérieur de soie blanche avec des clous dorés, qui fut ensuite recouverte de plomb. Les sceaux de Sa Grandeur Mgr l'évêque de Bayeux, et le cachet de

MONUMENT ÉLEVÉ SUR LE TOMBEAU

DU V. P. EUDES

M. le commissaire central, présent à l'inhumation, y furent apposés. »

A cet intéressant récit nous ajouterons que ces restes furent descendus dans un caveau, près de l'autel de l'Annonciation, dans un des bras du transept. Au-dessus de ce caveau on a élevé depuis un monument en pierre, représentant le V. P. Eudes à genoux, devant la Sainte-Vierge, qui tient l'Enfant Jésus dans ses bras. Ce monument, véritable chef-d'œuvre, dû à l'habile et religieux ciseau de M. Valentin, a été inauguré et bénit très solennellement par Mgr Hugonin, le 23 août 1885.

Le 7 mars Mgr l'évêque et les membres du tribunal procédèrent, de la même façon que la veille, à la reconnaissance des précieux restes conservés au monastère de Notre-Dame de Charité. Le crâne et les deux fémurs, embaumés et renfermés dans des boîtes de bois et de plomb, furent trouvés dans un état de parfaite conservation et remis au même endroit. Une plaque de marbre en indique l'emplacement. Une copie authentique des procès-verbaux dressés en ces deux jours a dû être envoyée à Rome, avec les documents relatifs aux vertus.

L'ouverture du tombeau fait partie des informations pour le procès *des vertus*. Ce procès achevé, il restera encore celui *des miracles* avant que notre vaillant missionnaire soit déclaré *Bienheureux*.

<hr>

CHAPITRE II.

Miracles obtenus par l'intercession du V. P. Eudes.

NOUS renouvelons ici la protestation de ne point vouloir qualifier les faits suivants : il ne nous appartient pas d'en juger. De plus nous n'entreprendrons pas le récit des nombreuses guérisons extraordinaires, obtenues par l'intervention du V. P. Eudes ; il y aurait de quoi remplir plusieurs volumes. D'intéressantes relations en ont été faites dans les Annales des Instituts Eudistiques, dans l'ouvrage publié par le T. R. P. Le Doré, et intitulé *Vertus du P. Eudes*, et dans la *Revue du Saint Cœur de Marie.*

Nous nous bornerons à un abrégé des informations prises par la Sacrée Congrégation des Rites, sur trois guérisons opérées en Bretagne, dont deux à Rennes en 1874, et la troisième à Hennebont en 1883.

LUCIE CLAIRAL.

LA Communauté du Refuge, dite de Saint-Cyr, à Rennes, avait reçu en 1846 une jeune fille, petite et contrefaite, âgée de 13 ans, pour lui apprendre à travailler. Cette enfant intelligente et vive était surtout remarquable par sa gaîté.

En 1862, elle vit se développer au genou gauche une sorte de tumeur qui dégénéra en hémorrhagie, et qui finit par la paralysie complète de la jambe. Le médecin de la maison, M. Aussant, et son successeur M. Régnault essayèrent inutilement les vésicatoires et les bains ; tout fut inutile. Lucie fut condamnée à se servir de béquilles jusqu'en l'année 1866, où la jambe droite fut prise à son tour et, après de cruelles souffrances, demeura paralysée. Lucie toujours gaie n'en avait pas moins le mot pour rire, dit sa Supérieure. Elle pouvait encore travailler à de petits ouvrages, assise à l'endroit où elle avait été portée. Mais au mois de janvier 1870, la paralysie tomba sur la langue et l'arrière bouche.

Lucie, quoique conservant toute sa connaissance, demeura privée de la parole. Semblable à une personne endormie, poursuivie d'un mauvais rêve et qui cherche inutilement à appeler au secours, elle essayait en vain de remuer les lèvres ; il n'en sortait qu'un petit cri inarticulé. Souvent on lui présentait un livre et elle y montrait les mots qu'elle aurait voulu dire. La pauvre fille faisait comprendre qu'elle mourait de faim et de soif ; des aliments de toute nature lui étaient présentés et rien ne pouvait pénétrer jusqu'à l'estomac. Une semaine entière se passa ainsi au grand désespoir des pauvres infirmières.

A la paralysie de la bouche et de l'œsophage vint par degrés se joindre une surdité complète, en sorte que Lucie devint paralytique, muette et sourde. Elle demeura dans cet état de 1870 à 1874. Pour l'empêcher de mourir de faim, les sœurs eurent recours à des moyens extrêmes : elles firent pendant dix-huit mois parvenir quelques aliments dans l'estomac à l'aide d'une baleine, qui plus d'une fois se brisa pendant l'opération. La gorge s'irrita, et l'on comprend sans peine combien les souffrances de Lucie devinrent horribles : bien souvent elle faisait entendre qu'elle préférait la mort à ce mode d'alimentation ; plusieurs fois même il fallut suspendre l'opération, le courage manquant aux infirmières ou la patience à la malade.

Cependant les forces diminuaient, et Lucie devint incapable de se tourner elle-même sur son lit. Le médecin de la maison, M. le docteur Régnault, indiqua alors aux sœurs déconcertées un instrument, dit sonde œsophagienne, formée d'un tube de caoutchouc dont une extrémité est en entonnoir.

Avec cet instrument que l'on introduisait à grand' peine le plus profondément possible, en forçant le passage de la gorge, on faisait arriver à l'estomac des aliments liquides, vin, bouillon, lait. A tant d'infirmités et de souffrances vint encore se joindre l'occlusion des paupières. Alors cette pauvre fille ne pouvant plus user de ses membres, couverte de plaies scrofuleuses, condamnée à mourir de faim, ou à ne vivre qu'à l'aide d'un procédé extrêmement douloureux, privée de la parole, de l'ouïe et de la vue, se sentant à charge depuis longtemps à la Communauté qui lui prodiguait ses soins nuit et jour, désirait la mort et désespérait de sa guérison. Le médecin lui-même ne voyait aucun soulagement possible et ne comprenait pas que la malade pût vivre si longtemps.

Tel était l'état désespéré de Lucie Clairai, quand, le 29 janvier 1874, toutes les religieuses entreprirent une neuvaine, pour hâter la Béatification du V. P. Eudes. La maîtresse de la classe Notre-Dame en prévint la pauvre infirme, et parvint à lui faire comprendre qu'elle devait s'y joindre et demander sa guérison. Elle remit à cet effet une image du Père Eudes à la malade, et lui dit que toutes les enfants de sa classe allaient entreprendre cette neuvaine. Cependant les douleurs s'accrurent encore pendant les premiers jours, et le médecin engagea à faire donner à l'infirme les derniers sacrements. Lucie découragée rejeta l'image du V. P. Eudes. Pourtant elle la reprit bientôt et continua de le prier. Il en fut ainsi jusqu'au jeudi 5 février. Ce jour-là, vers huit heures du matin, elle s'agita sur son lit d'une façon extraordinaire ; quelques paroles faibles et confuses sortirent de sa bouche : « Ma Mère, ma Mère, je ne souffre plus. » Les infirmières croyant que c'étaient les premiers symptômes de la mort et le commencement de l'agonie, coururent chercher la Supérieure. A son entrée, elle aperçut la malade debout s'agitant avec vivacité et répétant : « Je ne souffre plus ; ma Mère, je suis guérie, le bon P. Eudes m'a exaucée ! »

La malade demandant de la nourriture, on lui donna aussitôt un fort morceau de pain et des confitures, qu'elle mangea du meilleur appétit. La guérison fut subite et parfaite : les jambes ne refusaient plus leur service, la parole lui avait été rendue, les oreilles retrouvèrent leur sensibilité, les yeux leur clairvoyance, les paupières gonflées reprirent leur état naturel, les plaies scrofuleuses semblables à des abcès disparurent, abandonnant dans le lit les débris de peau et les linges qui les recouvraient.

Lucie Clairai mourut deux ans plus tard, le 28 janvier 1876, d'une fluxion de poitrine compliquée d'une maladie de cœur. Mais jusqu'à sa mort elle ne ressentit aucune des incommodités précédentes, et elle jouit de toutes ses facultés physiques et morales, comme en témoigna M. le Dr Régnault, au cours de la procédure. Pour lui, pour tous les témoins qui furent cités devant le tribunal ecclésiastique constitué par Mgr le Cardinal Saint-Marc, le miracle fut éclatant. Il le sera aussi pour tous ceux qui liront ces quelques lignes, abrégé fidèle de dépositions, faites sous la foi du serment au pied des autels.

Jeanne Françoise Chassé.

EN 1870, se trouvait aussi au même couvent de Saint-Cyr, à Rennes, Jeanne-Françoise Chassé, en religion sœur Marie-Augustine, née à Thorigné, au diocèse de Rennes, et âgée de 37 ans. Il y avait environ 16 ans qu'elle était dans cette maison, où elle avait toujours paru bien portante. Une maladie de peau lui vint à cette époque, suivie bientôt de douleurs d'estomac très vives, qui altérèrent profondément l'économie de sa santé. Il fallut changer la sœur d'emploi et lui donner, soit à la lingerie, soit à l'infirmerie, les travaux les moins pénibles.

Malgré ces précautions le mal s'accrut pendant deux ans ; les vomissements devinrent plus fréquents, souvent mêlés de sang ; les aliments les plus légers, le lait lui-même suffisaient pour les provoquer. La malade était réduite à passer des journées entières sans rien prendre, souffrant continuellement des douleurs atroces, privée presque entièrement de sommeil et perdant peu à peu toutes ses forces. Son teint était devenu d'un jaune paille très accentué, et sœur Marie-Augustine dépérissait de jour en jour ; il était facile de prévoir une fin prochaine. Les crises se renouvelaient sans cesse : « J'ai entendu, dit la R. M. Supérieure, des plaintes déchirantes, il y avait des larmes, des contorsions et la sœur répétait : — C'est une rage, je n'y tiens plus. Elle avait une fièvre à peu près continue. »

M. le docteur Régnault avait constaté dans le côté gauche une tumeur, qu'il avait déclarée cancéreuse. Quelque temps avant la guérison, les nuits étaient devenues affreuses et les vomissements d'une odeur repoussante, les douleurs dans le dos et dans le côté plus fortes, la respiration plus gênée. Aussi les infirmières s'attendaient-elles à voir incessamment mourir leur pauvre malade. C'était aussi l'opinion du médecin qui dit un jour : « Puisque le P. Eudes a déjà guéri une de vos sœurs, vous pouvez lui demander la guérison de celle-ci ; s'il l'obtient ce sera assurément aussi un miracle de premier ordre. »

Au moment d'une crise, la R. M. Supérieure dit à la malade : « Ma sœur, vous allez commencer une neuvaine au V. P. Eudes. — Ma Mère, dit sœur Marie-Augustine, je suis trop malade ; ce serait inutile ; je ne crois pas que le P. Eudes puisse me guérir. — Vous allez, reprit la Supérieure, lui dire que je vous commande de lui demander votre guérison. » En effet une neuvaine commença le lundi 2 mars. Toutes les religieuses de la Communauté firent aussi cette neuvaine, et récitèrent chaque jour trois fois le *Pater*, l'*Ave Maria*, le *Gloria Patri*, une invocation aux Sacrés Cœurs et trois fois : *Vénérable Père Eudes, priez pour nous*. Cependant

les douleurs ne cessaient pas et le docteur prévint
même, le 9 mars, que, le mal faisant encore des
progrès, il fallait surveiller la malade pour ne pas
la laisser mourir sans sacrements.

La neuvaine devait finir le mardi 10 mars, jour
où commençaient des exercices préparatoires à la
fête de saint Joseph. Il y eut un sermon suivi de la
Bénédiction du T. S. Sacrement. Notre Sœur s'y
traîna avec peine, pour y achever sa neuvaine. Mais
les douleurs l'obligèrent à quitter la chapelle avant
la fin de la cérémonie et à se retirer dans l'avant-
chœur. Là elle se prosterna devant une relique du
V. P. Eudes. A peine fut-elle agenouillée, que les douleurs cessèrent subitement : elle resta sans aucune
gêne à genoux pendant tout le Salut du T. S. Sacrement. C'était le moment du grand silence : elle
ne voulut pas le rompre ; mais elle se rendit à l'infirmerie, y prit une tasse de lait, et au grand étonnement des sœurs présentes , mangea d'autres
aliments, comme une personne en santé, se coucha
et dormit d'un profond sommeil.

Le lendemain matin, sœur Marie-Augustine étant
allée trouver la R. M. Supérieure lui dit : « Ma Mère,
je ne souffre plus, et je ne retrouve plus ma bosse.
— N'en dites rien, répondit la Mère Supérieure,
jusqu'à la visite du médecin ; je vais prescrire une
neuvaine d'actions de grâces. » Le médecin fort
surpris constata la parfaite guérison, et permit

d'appliquer la sœur aux emplois les plus pénibles, comme à la lessive, et à d'autres travaux du même genre.

Lorsqu'à la fin de l'année 1875, des informations canoniques furent faites, par ordre de Mgr l'archevêque de Rennes, le docteur Régnault affirma que, depuis cette guérison, sœur Marie-Augustine lui avait toujours paru bien portante; le docteur Petit, que l'état de sa santé était réellement satisfaisant; et le docteur Philouze, qu'elle jouissait d'une entière et parfaite santé.

Béni donc soit le V. P. Eudes!

LE JEUNE LOUIS BOURDON.

LE 13 septembre 1869, naissait dans la famille Bourdon, à Janzé, au diocèse de Rennes, un enfant qui reçut au baptême le nom de Louis-Marie-Joseph. A quatre ans il eut le malheur de perdre son père âgé de trente-trois ans, et à huit ans sa mère dans sa trente-quatrième année. Louis, resté orphelin, fut, ainsi que sa sœur, recueilli par son tuteur, un de ses oncles, cordonnier à Janzé. L'éducation chrétienne qu'il reçut, les soins affectueux dont l'entourèrent les prêtres zélés de cette belle paroisse, firent naître et affermirent chez lui le désir de devenir prêtre. Remarquable par la piété, l'intelligence et l'aménité du caractère, il fut adopté comme élève ecclésiastique par un des vicaires, M. l'abbé Pannetier.

Sur les bonnes recommandations de cet ecclésiastique, le jeune orphelin fut admis, en septembre 1882, au Juvénat ou école apostolique Saint-Louis, à Plancoët, diocèse de Saint-Brieuc. Les PP. Eudistes y élèvent et y instruisent gratuitement une cinquantaine d'enfants pour le sacerdoce. Là, quelques semaines suffirent à Louis pour conquérir l'estime et l'affection de ses maîtres et de ses camarades, et pour devenir un des enfants préférés de la famille adoptive. Déjà il s'y plaisait à merveille et y faisait de rapides progrès dans ses études, quand Dieu voulut le soumettre à une terrible épreuve.

Le 23 mai 1883, nous étions allés dans un jardin, mis complaisamment à notre disposition, cueillir du lierre et du buis pour la solennité de la Fête-Dieu. La provision faite, plusieurs de nos enfants construisirent, avec des branchages et des fleurs, de petits autels au pied des arbres ; d'autres sautèrent sur l'herbe ou voulurent avec des mottes de terre abattre des fleurs de marronnier. Louis Bourdon était de ces derniers. Tout à coup une motte dure comme une pierre l'atteint à l'œil droit, y excite une forte irritation et fait enfler la paupière. « Pour revenir à Plancoët, rapporte Louis Mégret, un de ses camarades, nous dûmes à deux le soutenir par les bras. Chemin faisant il se plaignait d'être étourdi et de n'y pas voir. Il appuyait la tête tantôt sur mon épaule tantôt sur celle de son autre voisin. »

Au retour, l'œil fut aussitôt lavé avec de l'eau salée et recouvert d'une compresse mouillée; puis l'enfant se mit au lit. La nuit et les jours suivants, Louis continua de souffrir et d'être privé de l'usage de l'œil blessé. Nous essayâmes par des purgations et des bains de pieds de faire descendre le sang. Huit jours se passèrent sans amener d'amélioration, malgré la suspension des études et le repos complet.

Ce fut alors que notre docteur nous engagea à conduire Louis chez un oculiste à Dinan. Nous le fîmes le jour même : l'œil fut examiné à l'ophthalmoscope et reconnu injecté de sang. La continuation des mêmes remèdes fut prescrite dans cette première visite et dans une seconde quinze jours plus tard.

Un mois s'écoula et l'œil droit refusait toujours son service : l'enfant ne pouvait s'appliquer à son travail de classe; il dut même user d'une main étrangère pour correspondre avec sa famille. « C'est à Dinard, me dit alors un de nos notables de Plancoët, que vous auriez dû le conduire. Depuis un mois s'y trouve un oculiste distingué de Saint-Brieuc, M. du Gourlay, c'est à son adresse et à ses opérations que je dois la conservation de la vue. »

Le mardi, 26 juin, je partis donc avec l'enfant pour Dinard. L'œil fut examiné longuement et

avec divers instruments. Bientôt le docteur laissa
paraître des signes non équivoques de mécontentement. Je les observais d'un regard inquiet et j'en
attendais l'explication avec une sorte de crainte et
d'impatience. — « L'œil gauche ne vous fait point
mal, dit enfin M. du Gourlay ? — Non, Monsieur,
répondit l'enfant ; mais il a eu un coup de sang
l'année dernière, et depuis ce temps-là il était moins
bon que l'autre.—C'est malheureux, reprit le docteur,
que vous n'ayez pas reçu le coup sur l'œil gauche.—
Mais, dis-je à mon tour, l'œil droit est-il donc
perdu ? — Oui, M. l'abbé ; il y a dans le voisinage
de la *macula lutea* une lésion, et toute affection
dans cet endroit si sensible entraîne la perte de la
vue. De ce côté c'est donc une affaire finie : mais il
faut veiller sur l'autre œil, car il est bien probable
qu'il se prendra par sympathie. Désormais donc il
faut cesser tout travail intellectuel, et, s'il survient
dans l'œil gauche une irritation et des picotements,
il y aura un remède, mais un seul, qui sera de
supprimer la cause du mal. »

En prononçant ces dernières paroles, le docteur
me demandait du regard si je le comprenais bien.
Hélas ! je ne le comprenais que trop, et je n'y puis
penser encore sans un indicible serrement de cœur.

Une forte lampe avec réflecteur se trouvait sur la
table de cette chambre noire, où venait de se prononcer une si terrible sentence. Le docteur la prit

d'une main et de l'autre le chapeau de l'enfant, fit fermer l'œil gauche, et plaçant alternativement la lampe et le chapeau devant l'œil droit : « Voyez-vous quelque chose ? dit-il.— Non répondit l'enfant. — Constatez-vous quelque différence? — Aucune.» Cette expérience faite deux ou trois fois, et le geste d'impatience du docteur me firent comprendre toute la gravité du mal.

Je sortis atterré et dissimulant autant que possible mon émotion. J'errai quelque temps à l'aventure, accompagné de Louis à qui je n'osais parler. Savait-il qu'il était menacé de cécité complète ? Avait-il compris que probablement il faudrait lui arracher l'œil malade ? Fallait-il lui dire qu'il allait abandonner ses études? Après une condamnation si imprévue et si dure, le présent était bien triste et l'avenir effrayant.

Le cœur rempli d'une affectueuse compassion, je m'efforçai de distraire Louis et de changer le cours de ses idées.

En attendant l'heure du départ, nous allâmes nous asseoir près de l'église de Dinard, d'où s'offre un spectacle unique : à gauche Saint-Malo, à droite Saint-Servan, entre les deux un pont roulant qui tour à tour vient accoster les deux villes, enfin l'embouchure de la Rance sillonnée de mille bateaux. Voyez donc quel beau spectacle ! dis-je à Louis. Mais je n'osai pas ajouter : hâtez-vous d'en jouir, car dans quelques mois pour vous ce serait trop tard.

Notre retour à Plancoët apporta la plus grande consternation parmi les Pères. Nous nous contentâmes de dire aux enfants de prier, parce que le cas était grave. La vérité tout entière fut annoncée à la famille dès longtemps prévenue, et malgré ses protestations de confiance en nos soins et en notre dévouement, nous demandâmes un petit voyage de l'enfant chez ses parents et une visite sous leur conduite à un oculiste de Rennes.

Avant le départ de Louis, je voulus le mettre en face de l'avenir, lui faire voir que les remèdes ne le guérissaient et ne le guériraient pas, et que, dans la crainte d'un plus grand malheur, il faudrait probablement renoncer à ses études. — « Et dans cette hypothèse, lui dis-je, que deviendrez-vous, y avez-vous pensé ?—Oui, mon Père, je voudrais demeurer Frère domestique. Je tiens à rester un enfant du Père Eudes ; priez le R. P. Supérieur général de me garder. » — Je le lui promis, et le 30 juin Louis partit pour Janzé, sans autres bagages que ses remèdes et son ordonnance.

Cependant nous ne l'oubliions pas, et dès le 2 juillet le Père Brunel demandait au R.P. Supérieur l'autorisation d'envoyer lui-même l'enfant à Lourdes. Sans doute le V. P. Eudes, par affection pour son enfant et dans la crainte que ce ne fût la Sainte

Vierge qui le guérit, obtint de Marie la cession de ce miracle, car la réponse du R. P. Supérieur fut négative.

Louis souffrant toujours et dormant peu fut conduit par M. l'abbé Pannetier à un célèbre oculiste de Rennes, M. Cuisnier. « Celui-ci, a déposé M. Pannetier, jugea le cas très grave. Il dit que l'on pourrait employer l'électricité comme dernière ressource, mais qu'en ayant essayé plusieurs fois inutilement, il ne m'engageait pas à y recourir. Sur mes instances il examina l'enfant de nouveau. Il lui ferma l'œil gauche, et plaçant brusquement l'enfant en face d'une fenêtre, il lui demanda s'il éprouvait quelque sensation qui lui indiquât de quel côté il était tourné. L'enfant répondit négativement, et le docteur ajouta qu'en présence d'une aussi complète insensibilité, il jugeait inutile de recourir au traitement électrique pour lequel j'avais insisté. »

M. Pannetier nous écrivit après cette consultation que, d'après les espérances de M. Cuisnier, l'œil gauche ne serait pas attaqué. Cette nouvelle moins alarmante vint nous rassurer un peu pour l'avenir : une bonne parole d'une bouche autorisée est si bien accueillie en ces circonstances.

Louis revint au Juvénat le 31 juillet, et accompagna ses camarades à Pléneuf, où il passa une douzaine de jours. Comme eux il se promena du matin au soir sur les grèves ; comme eux il coucha sur la paille dans d'immenses greniers ; mais il s'abstint de toute lecture et ne prit aucun bain. Cependant l'état des yeux ne s'améliorait pas, et, le 14 août, l'enfant écrivait à sa famille : « Je vous envoie une courte lettre, que je n'ai pu toute écrire en une fois. L'œil qui voit se fatigue très vite et me fait mal. »

Les vacances touchant à leur fin, Louis comprit qu'il était incapable d'un travail intellectuel, et qu'il fallait, profitant de la permission accordée par le R. P. Supérieur général, entrer au Noviciat en qualité de Frère domestique.

Le sacrifice était dur : quitter ses camarades, prendre une position inférieure et fatigante, abandonner pour toujours ses études et renoncer à la belle et sainte carrière qu'il avait rêvée et dont il avait pressenti la réalisation.—«Mon pauvre enfant, lui dis-je, vous allez nous quitter, mais nous vous reverrons ; nous demeurerons toujours de la même famille ; et vous trouverez à Hennebont parmi les novices une grande sympathie et une affection fraternelle. Acceptez gaîment votre épreuve et demandez à Dieu la grâce de la supporter chrétiennement. »—Louis partit pour Hennebont (Morbihan) le 19 août, triste mais résigné. Il voulut en partant laisser un souvenir spécial à celui qui l'avait involontairement blessé, et il lui offrit un petit paroissien doré sur tranches.

Le pauvre orphelin reçut au noviciat le meilleur accueil, et s'y fit remarquer par son humilité, sa douceur et son obéissance. Mais il sentit bientôt son changement de position ; il trouva pénible la privation des jeux et des récréations qu'il avait l'habitude de prendre avec les camarades de son âge, les travaux manuels à longueur de jour dans le silence et dans la solitude ; et, bien qu'il eût perdu tout espoir de guérison et n'eût en perspective ni fortune ni carrière ouverte, il fut tenté de quitter le noviciat et s'en ouvrit à sa famille.

Il continuait de souffrir des yeux, et même les douleurs devenaient plus persistantes et plus vives. Plus d'une fois la nuit, Louis se leva pour se baigner la tête sous la pompe. Il avait reçu au noviciat le nom de Frère Cyprien, et son emploi consistait à prendre soin des réfectoires, à balayer les corridors et à préparer les lampes. — « Il m'arrivait souvent, dit-il devant la commission épiscopale d'enquête, de verser l'huile à côté des lampes ou de les trop remplir. Je ne pouvais enlever les toiles d'araignée dans les corridors, ne les voyant pas, et le P. Supérieur dut charger un novice de me suppléer pour cette besogne. »

Le docteur de la maison prescrivit une potion qui n'eut aucun effet. Cette diminution progressive de la vision suivait son cours pour l'œil gauche, quand un samedi soir, 15 décembre, pendant qu'il puisait de l'eau, les douleurs devinrent intolérables. L'enfant, croyant qu'un corps étranger s'était introduit dans l'œil gauche, se rendit à la cuisine, pria le Frère d'y regarder, et demeura assis près du foyer une demi-heure environ. Quand il se releva il était aveugle. Le lendemain matin, un des Pères entra dans la chapelle tenant Louis par le bras et dut lui mettre une chaise entre les mains. Aussitôt tous les cœurs se serrèrent et chacun compatit au malheur qui venait d'arriver. Voir un pauvre orphelin de 14 ans, d'une piété et d'une intelligence plus qu'ordinaires, privé de la vue et frustré dans ses projets d'avenir, n'était-ce pas une irrémédiable infortune ?

Un jeune oculiste, M. Sauvage, que ses cures ont déjà rendu célèbre, venait alors de Lorient à Hennebont deux fois la semaine passer quelques heures auprès de sa mère. L'enfant lui fut conduit le mardi 18 décembre. Après avoir examiné les yeux à l'aide d'instruments spéciaux, le docteur dit en particulier au supérieur du noviciat : « L'œil blessé est perdu. Je vais essayer par un traitement prolongé d'amener quelque amélioration dans l'autre. Je n'y compte guère et ce ne pourrait être qu'avec le temps. » Le lendemain une lettre du R. P. Cochet supérieur du noviciat vint, comme un coup de foudre inattendu, nous frapper de stupeur : « Louis Bourdon est aveugle. L'oculiste vient de me dire qu'il n'y a aucun espoir de guérison complète. Nous commençons ce soir une neuvaine au V. P. Eudes ; joignez-vous à nous. »

Les prévisions du docteur du Gourlay, que les paroles plus rassurantes de M. Cuisnier nous avaient fait oublier, venaient donc de se réaliser. Le jour même nous commençâmes aussi une neuvaine, pendant laquelle deux nouvelles lettres vinrent nous apprendre qu'il n'y avait point d'amélioration. Sans espoir du côté des hommes et n'osant espérer du ciel une faveur, nous nous préoccupâmes de l'avenir de Louis. Le P. Brunel écrivit à l'une de ses sœurs, institutrice dans un établissement de jeunes aveugles à Paris, lui demandant les conditions d'entrée. La réponse ne se fit pas attendre et fut aussitôt communiquée au R. P. Cochet et à M. l'abbé Pannetier.

La première des conditions, à savoir que la cécité fût complète, était parfaitement remplie. Je cite la déposition juridique d'un ancien novice, M. l'abbé Cassard : « J'avais le bonheur de m'occuper de cet intéressant aveugle que le R. P. Cochet m'avait confié. Matin et soir je me rendais dans sa chambre. Je lui passais alors sur la figure ma lampe allumée ; mais la lumière, quelque vive qu'elle fût, ne produisait aucune sensation sur ses yeux.

« Il ne pouvait faire un pas seul sans s'appuyer aux murs de la maison. — Où sommes-nous, lui demandais-je quelquefois après l'avoir longuement promené au jardin ? Alors il s'arrêtait, regardait fixement tâtonnait autour de lui, et me répondait : Je n'en sais rien; ou bien il m'indiquait une autre partie très éloignée du jardin. »

Les dépositions de plusieurs autres témoins relatent une foule de faits semblables : Louis marchant droit vers une lampe allumée et placée devant ses yeux, s'y heurtant si on ne l'eût retirée ; l'enfant tâtonnant pour trouver ses vêtements le matin autour de son lit ; ne s'arrêtant pas quand on lui barrait le passage ; laissant sans s'en apercevoir une lampe éclairer sa cellule jusqu'à dix heures du matin.

Louis, de l'aveu de tous les novices, était vraiment et entièrement aveugle. Le noviciat en était profondément attristé, et l'enfant aussi comprenait toute l'horreur de sa situation. Mais laissons encore parler M. l'abbé Cassard : « Avant l'ouverture de la neuvaine, le petit frère Cyprien était triste et rêveur ; j'avais peine à l'égayer. Un jour je l'avais emmené dans la serre et je lui lisais l'apparition miraculeuse de la Sainte Vierge à Pontmain. Interrompant tout à coup ma lecture je levai les yeux sur lui et je m'aperçus qu'il pleurait. Ses larmes me touchèrent ; je lui pris les mains et lui dis d'un ton ému combien je compatissais à ses peines et combien j'aurais souhaité le soulager. — Merci, me répondit-il, vous viendrez me chercher à toutes les récréations, n'est-ce pas ? Je demanderai au R. P. Cochet que ce soit toujours vous qui me conduisiez. — Un novice étant en ce moment entré dans la serre et nous ayant dit que la neuvaine au V. P. Eudes allait commencer, Louis parut tout joyeux, et à partir de ce moment jusqu'à sa guérison la gaîté ne le quitta plus.

« Le jeudi 20 décembre, je fus chargé de conduire l'enfant chez l'oculiste. Je le pris par le bras et nous nous acheminâmes vers Hennebont. En ville on nous regardait passer et les habitants chuchotaient: Pauvre enfant ! ou bien encore : que c'est triste ! — De nombreux malades attendaient leur tour chez M. Sauvage. Quand celui de Louis fut arrivé : — Et vos yeux, dit-il, voient-ils quelque chose? Perçoivent-ils une différence entre le jour et la nuit ? — Non, Monsieur, répondait invariablement notre jeune homme. — Vous distinguez quelque chose maintenant, ajouta-t-il en plaçant une lampe sous ses yeux. — Mais non, Monsieur, répéta le pauvre aveugle. — Ce terrible *non* me faisait cruellement souffrir. Je sortis dans le jardin pendant que l'oculiste continuait à soigner son malade, ce qui dura près de trois quarts d'heure.

« A plusieurs reprises il vint me faire part de ses impressions et m'expliquer le mal en termes scientifiques que je ne compris pas. — Ce qui me désespère, ajouta-t-il, c'est que je lui ai introduit dans l'œil quelques gouttes d'une eau très forte, et il ne sent rien. Je pars demain pour Paris, je soumettrai

le cas à un de mes anciens professeurs, et nous verrons s'il est possible de faire quelque chose pour l'œil gauche de cet enfant. Revenez dans huit jours.— Là-dessus il nous rédigea une ordonnance. Mais en en revenant, le petit frère Cyprien me dit :
— Les médecins et les remèdes ne me guériront certainement pas ; tous les oculistes m'ont dit que je ne guérirai pas ; c'est le V. P. Eudes qui me guérira. »

Cette confiance dans le P. Eudes, dont il portait une médaille au cou, n'abandonna pas un instant notre cher malade, et nous voyons, par les récits de tous les témoins, qu'elle ne fit que grandir jusqu'à la fin de la neuvaine. Aussi négligea-t-il de faire usage des remèdes prescrits.

Un novice lui demandant un jour : « Que ferez-vous si vous restez aveugle ? — Pourquoi m'en préoccuper, répondit-il ; je suis certain que le V. P. Eudes ne le permettra pas. » Et au P. de Saint-Jouan allant le conduire dans sa cellule, le mercredi 26 décembre : « J'ai été bien surpris aujourd'hui de n'avoir pas été guéri, car je croyais que la neuvaine se terminait ce soir; mais un novice m'a appris que ce ne sera que demain ; aussi c'est demain que je serai guéri et que j'annoncerai cette bonne nouvelle à mes parents et aux Pères de Plancoët. »

C'était, en effet, le lendemain matin que la neuvaine devait être achevée. Elle avait commencé le mardi 18 au soir, par les litanies du V. P. Eudes, et le 19 au matin par deux communions. Les dernières litanies devaient donc se réciter le 26 au soir, et les deux dernières communions se faire le matin du 27. Par une heureuse coïncidence qui ne fut remarquée que quelques jours auparavant, la neuvaine se terminait le jour de saint Jean l'Évangéliste, fête de notre Vénérable Jean Eudes.

Le jeudi matin, notre Louis fut conduit dans un petit oratoire à l'intérieur de la maison, afin d'entendre la messe que le P. de Saint-Jouan célébrait pour lui, et d'y faire la sainte Communion. Alors des douleurs beaucoup plus vives survinrent dans les yeux: — « Il me semblait, dit l'enfant, que les nerfs se détordaient, et ces violentes souffrances durèrent pendant toute la messe et pendant mon action de grâces après la communion, jusqu'au moment où le servant de la seconde messe récita le *Confiteor* pour communier lui-même. Alors les douleurs cessèrent subitement ; j'éprouvai comme une commotion qui me fit ouvrir les paupières, habituellement closes depuis que j'étais devenu complètement aveugle.

« J'aperçus aussitôt, à quelques mètres devant moi, le portrait du V. P. Eudes pendu à la muraille. Je le considérai quelque temps, puis j'essayai sur lui chacun de mes yeux, fermant tantôt l'un tantôt l'autre. Je voyais aussi bien de l'œil droit que de l'œil gauche. Un bon vieux Frère infirme, le Frère

Marie était auprès de moi ; je lui frappai sur l'épaule : Frère, je vois. »

La surprise et l'émotion du Frère se comprennent mieux qu'elles ne sauraient se rendre. « A genoux dans le même banc que moi, dit le Frère, Louis avait entendu la messe bien pieusement. Après avoir reçu la communion à sa place, il fit une longue action de grâces. Puis il me saisit le bras droit en me disant tout bas : « Frère, je vois. — Vous voyez ! — Oui ; c'est le portrait du Père Eudes qui est là vis-à-vis. — Alors je me mis à réciter une prière d'action de grâces. Puis il me dit : — Voulez-vous venir, je vais vous conduire ; je vois. En effet il m'ouvrit la porte de l'oratoire qu'il referma, me prit par le bras, ouvrit et referma la porte de ma chambre, prit une chaise et s'assit près du feu. — Je suis guéri, me dit-il, je vois parfaitement. — Des deux yeux ? — Oui, oui des deux. »

Alors le Frère Marie lui demanda ce qu'il y avait sur la table. C'est une petite image du P. Eudes, dit l'enfant. Tous les deux aussitôt récitèrent le *Te Deum*. Pendant ce temps-là, les novices ne soupçonnant pas ce qui venait d'arriver assistaient à la grand'messe.

Quand elle fut finie, le R. P. Supérieur dit à M. Cassard d'aller déjeuner promptement pour conduire le Frère Cyprien chez l'oculiste. « Au lieu de me rendre au réfectoire, dit celui-ci, je courus dans ma chambre prendre mon chapeau, et je me dirigeai avec empressement vers la cellule du petit malade. Surpris de ne l'y point rencontrer, je descendis précipitamment à la cuisine ; mais là encore je ne le trouvai point. Il assiste à la messe du R. P. de Saint-Jouan, me dit alors le Frère cuisinier. Je cours à la salle du noviciat; l'enfant n'y était pas. Tout désappointé j'hésite un instant, puis je me dirige vers la chambre du Frère Marie pour lui faire part de mon embarras. Louis Bourdon était là, il me regarde fixement. Vous m'avez bien intrigué, lui dis-je ; je vous ai cherché par toute la maison, je ne savais où vous prendre. Venez donc vite. — Où cela ? — A Hennebont. — Quoi faire ? — Voir l'oculiste. — Voir l'oculiste, répéta-t-il en riant, c'est inutile, je vois très clair maintenant. — Je croyais rêver. Je pris aussitôt une petite image sur la table du Frère Marie : Qu'est-ce que cela ? — Mais c'est une image du V. P. Eudes, me dit-il. Ouvrant un livre je le lui présentai ; il en lut quelques lignes, et cela sans aucune hésitation. Alors saisissant l'enfant par le bras je voulus le conduire chez le R. P. Supérieur ; mais au milieu du corridor il m'échappa et me devança en courant. »

Le R. P. Cochet avait devant lui le texte latin de la Bible ; il en fit lire quelques versets à l'enfant et constata la parfaite guérison des deux yeux. La chose fut bientôt connue de quelques novices : alors cette maison de retraite et de silence changea brusquement d'aspect ; ce fut une vraie révolution ; les novices ne pouvaient plus rester en place ; toutes les chambres se vidèrent ; chacun voulait voir le Frère Cyprien ; dans l'escalier et dans les corridors on n'entendait que ces mots : Il voit ! il est guéri ! un miracle !

Aussitôt le R. P. Supérieur partit avec l'enfant pour Hennebont, où ils attendirent à la gare M. Sauvage arrivant de Paris. Le docteur fut étrangement surpris de cette guérison complète et subite ; mais descendant du train où il avait passé la nuit, il remit à plus tard l'examen des yeux du jeune Louis.

A Plancoët la surprise et la joie ne furent pas moins vives, à la réception des diverses lettres qui vinrent nous annoncer la guérison, et surtout à la réception de cette lettre écrite par l'enfant lui-même : « Révérend Père, Dieu, m'ayant rendu la vue par l'intercession du V. P. Eudes, veut que je m'en serve pour vous offrir mes souhaits pour l'année nouvelle, et je remplis ce devoir avec un grand plaisir. Oui je vous assure que c'est avec une grande joie que je vous offre mes souhaits ainsi qu'à tous les Pères de Saint-Louis. Recevez, je vous en prie, les remercîments de votre élève reconnaissant.   L. B.

Vive le Père Eudes ! »

Cette petite lettre parfaitement écrite confirma pour nous l'authenticité de cette guérison. A Plancoët comme à Hennebont des actions de grâces furent adressées à Dieu et à son V. Serviteur.

Je termine par une remarque qui m'a beaucoup frappé, c'est que la Providence a semblé vouloir multiplier les preuves de la réalité du mal comme celles de la réalité et de l'extraordinaire de la guérison. L'enfant par la force des choses, ou plutôt par la volonté divine a passé, pendant sa maladie et après sa guérison, un temps assez notable à Plancoët, à Janzé, à Hennebont : il a été examiné scrupuleusement, malade et guéri, par des spécialistes renommés, par les plus habiles oculistes de Saint-Brieuc, de Rennes et de Lorient.

Je ne puis citer ici leurs rapports et leurs certificats en entier ; ce serait allonger trop ce récit et le surcharger de termes difficiles à comprendre pour qui n'y est pas initié. Je n'en citerai que quelques lignes qui suffiront amplement à qui connaît la circonspection, la réserve et souvent le scepticisme des docteurs, pour convaincre de l'étrangeté de la guérison.

Monsieur du Gourlay apprenant la cécité complète du jeune Bourdon m'écrivit : « Hélas ! Monsieur le Supérieur, je ne puis que regretter amèrement que l'on ait oublié si longtemps les avis que j'avais donnés. Devant un pareil malheur nous sommes généralement désarmés. » Quelques jours plus tard,

apprenant la guérison il écrivait de nouveau : « Je
considérai l'œil droit comme perdu, vu la situation
de la déchirure rétinienne. Je verrais ce jeune homme avec plaisir, d'autant plus que je pourrais préciser
la situation de cette déchirure, dont on trouvera
certainement des traces. »

Aussi, dès que l'enfant fut revenu à Plancoët pour
y continuer ses études, je me fis un devoir de le conduire à Saint-Brieuc, où M. le docteur du Gourlay
l'examina avec joie et surprise, et retrouva en effet
les traces de cette lésion cicatrisée. Quelques mois
plus tard, quand il fut question de faire sur cette
guérison une enquête canonique, je me présentai
chez lui avec M. le chanoine Bourgneuf, aumônier
de nos sœurs à Saint-Brieuc, et le R. P. Ory postu-
lateur de la cause du V. P. Eudes. Le docteur nous
dit : « Cette affection a eu pour moi tous les caractères d'une ophthalmie sympathique avec exsudat.
Or je n'ai jamais vu, ni entendu dire, ni lu nulle
part que cela pût se guérir subitement. »

Devant la commission épiscopale d'enquête, M.
du Gourlay après toutes ses explications scientifiques a conclu en ces termes : « Je considère le fait
de la guérison subite des deux yeux, après lésion
matérielle de l'un, comme tout à fait extraordinaire.
Le fait de l'ophthalmie sympathique survenue peu
à peu dans l'œil gauche, disparaissant tout à coup,
me paraît absolument miraculeux... »

M. le docteur Sauvage a terminé sa déposition devant le tribunal ecclésiastique par cette déclaration : « L'œil droit était irrévocablement perdu ; l'œil gauche, s'il pouvait être guéri, ne devait l'être que graduellement dans un temps plus ou moins long, et moyennant l'application des remèdes. Considérant le fait de la guérison de l'œil droit et le mode de la guérison de l'œil gauche, d'autre part la simultanéité de la guérison des deux yeux, je suis convaincu que cette guérison est surnaturelle. »

Quant à M. le docteur Cuisnier qui n'avait pas eu connaissance de la perte de l'œil gauche, il conclut en ces termes : « A la rigueur, la guérison pouvait se faire d'une façon naturelle, mais d'une façon progressive, et je ne m'explique pas le caractère subit de la guérison de l'œil droit, le seul dont je me sois occupé. Cette guérison me paraît au moins très extraordinaire ; les choses ne se passent pas ainsi d'habitude. »

Les yeux de Louis Bourdon furent examinés pendant plusieurs heures, le 8 juin 1885, par deux spécialistes appelés d'office par le tribunal d'enquête. Après cet examen fait à l'aide de tous les instruments dont la science dispose, Monsieur le docteur Lecadre conclut : « Je ne vois aucun indice qui pourrait faire craindre le retour de la maladie, ou son changement en une autre ; » et M. le docteur Pedrono : « L'état actuel des yeux permet de dire qu'il n'y a aucune crainte pour la vue de cet enfant dans l'avenir. »

En ce moment Louis Bourdon, malgré la privation de travail pendant huit mois, continue au collège de Redon, avec de brillants succès, ses humanités : il n'est point resté en arrière sur les élèves de sa classe ; à Plancoët comme à Redon il a continué de marcher à leur tête. Nous espérons qu'il n'oubliera jamais ce que le V. P. Eudes a fait pour lui, et que bientôt il sera un pieux novice dans cette maison où il a été si extraordinairement guéri.

TABLE DES MATIÈRES.

Imprimé par la Société St-Augustin, Bruges.